中国社会科学院国情调研特大项目"精准扶贫精准脱贫百村调研"

精准扶贫精准脱贫百村调研丛书
CASE STUDIES OF TARGETED POVERTY REDUCTION AND ALLEVIATION IN 100 VILLAGES

李培林／主编

精准扶贫精准脱贫
百村调研·荷村卷

基层党建与精准扶贫双推进

陈光金　樊　坚　等／著

社会科学文献出版社
SOCIAL SCIENCES ACADEMIC PRESS (CHINA)

"精准扶贫精准脱贫百村调研丛书"
编 委 会

主 编：李培林

副主编：马 援　魏后凯　陈光金

成 员：（按姓氏笔画排序）

　　　　王子豪　王延中　李 平　张 平　张 翼

　　　　张车伟　荆林波　谢寿光　潘家华

中国社会科学院国情调研特大项目
"精准扶贫精准脱贫百村调研"
项目协调办公室

主　任：王子豪
成　员：檀学文　刁鹏飞　闫　珺　田　甜　曲海燕

总　序

调查研究是党的优良传统和作风。在党中央领导下,中国社会科学院一贯秉持理论联系实际的学风,并具有开展国情调研的深厚传统。1988年,中国社会科学院与全国社会科学界一起开展了百县市经济社会调查,并被列为"七五"和"八五"国家哲学社会科学重点课题,出版了《中国国情丛书——百县市经济社会调查》。1998年,国情调研视野从中观走向微观,由国家社科基金批准百村经济社会调查"九五"重点项目,出版了《中国国情丛书——百村经济社会调查》。2006年,中国社会科学院全面启动国情调研工作,先后组织实施了1000余项国情调研项目,与地方合作设立院级国情调研基地12个、所级国情调研基地59个。国情调研很好地践行了理论联系实际、实践是检验真理的唯一标准的马克思主义认识论和学风,为发挥中国社会科学院思想库和智囊团作用做出了重要贡献。

党的十八大以来,在全面建成小康社会目标指引下,中央提出了到2020年实现我国现行标准下农村贫困人口脱贫、贫困县全部"摘帽"、解决区域性整体贫困的脱贫攻坚目标。中国的减贫成就举世瞩目，如此宏大的脱贫目标世所罕见。到2020年实现全面精准脱贫是党的十九大提出的三大攻坚战之一，是重大的社会目标和政治任务，中国的贫困地区在此期间也将发生翻天覆地的变化，而变化的过程注定不会一帆风顺或云淡风轻。记录这个伟大的过程，总结解决这个世界性难题的经验，为完成这个攻坚战献计献策，是社会科学工作者应有的责任担当。

2016年，中国社会科学院根据中央做出的"打赢脱贫攻坚战"战略部署，决定设立"精准扶贫精准脱贫百村调研"国情调研特大项目，集中优势人力、物力，以精准扶贫为主题，集中两年时间，开展贫困村百村调研。"精准扶贫精准脱贫百村调研"是中国社会科学院国情调研重大工程，有统一的样本村选择标准和广泛的地域分布，有明确的调研目标和统一的调研进度安排。调研的104个样本村，西部、中部和东部地区的比例分别为57%、27%和16%，对民族地区、边境地区、片区、深度贫困地区都有专门的考虑，有望对全国贫困村有基本的代表性，对当前中国农村贫困状况和减贫、发展状况有一个横断面式的全景展示。

在以习近平同志为核心的党中央坚强领导下，党的十八大以来的中国特色社会主义实践引导中国进入中国特色社会主义新时代，我国经济社会格局正在发生深刻变化，脱贫攻坚行动顺利推进，每年实现贫困人口脱贫1000多万人，贫困人口从2012年的9899万人减少到2017年的3046万人，在较短时间内实现了贫困村面貌的巨大改观。中国社会科学院组建了一百支调研团队,动员了不少于500名科研人员的调研队伍,付出了不少于3000个工作日,用脚步、笔尖和镜头记录了百余个贫困村在近年来发生的巨大变化。

根据规划,每个贫困村子课题组不仅要为总课题组提供数据,还要撰写和出版村庄调研报告,这就是呈现在读者面前的"精准扶贫精准脱贫百村调研丛书"。为了达到了解国情的基本目的,总课题组拟定了调研提纲和问卷,要求各村调研都要执行基本的"规定动作"和因村而异的"自选动作",了解和写出每个村的特色,写出脱贫路上的风采以及荆棘!对每部报告我们都组织了专家评审,由作者根据修改意见进行修改,直到达到出版要求。我们希望,这套丛书的出版能为脱贫攻坚大业写下浓重的一笔。

中共十九大的胜利召开,确立习近平新时代中国特色社会主义思想作为各项工作的指导思想,宣告中国特色社会主义进入新时代,中央做出了社会主要矛盾转化的重大判断。从现在起到2020年,既是全面建成小康社会的决胜期,也是迈向第二个百年奋斗目标的历史交会期。在此期间,国家强调坚决打好防范化解重大风险、精准脱贫、污染防治三大攻坚战。2018年春节前夕,习近平总书记到深度贫困的四川凉山地区考察,就打好精准脱贫攻坚战提出八条要求,并通过脱贫攻坚三年行动计划加以推进。与此同时,为应对我国乡村发展不平衡不充分尤其突出的问题,国家适时启动了乡村振兴战略,要求到2020年乡村振兴取得重要进展,做好实施乡村振兴战略与打好精准脱贫攻坚战的有机衔接。通过调研，我们也发现，很多地方已经在实际工作中将脱贫攻坚与美丽乡村建设、城乡发展一体化结合在一起开展。可以预见，贫困地区的脱贫攻坚将不再只局限于贫困户脱贫，我们有充分的信心从贫困村发展看到乡村振兴的曙光和未来。

是为序！

全国人民代表大会社会建设委员会副主任委员

中国社会科学院副院长、学部委员

2018 年 10 月

前　言

2016年5月，受云南省扶贫办委托，云南省社会科学院社会学研究所于5月赴宾川县、屏边县开展贫困县党政领导班子和领导干部2015年度经济社会发展实绩考核第三方评估工作。根据《云南省贫困县党政领导班子和领导干部经济社会发展实绩考核办法》的要求，重点评估宾川县、屏边县2015年度经济社会发展实绩各项考核指标相关情况，扶贫开发贫困户精准识别情况，农户对精准帮扶工作满意度情况。在考核评估工作基础上，中国社会科学院社会学研究所和云南省社会科学院社会学研究所合作对莅村进行进一步全面系统的调研，调研成果列入了中国社会科学院国情调研特大项目"精准扶贫精准脱贫百村调研"。

在宾川开展评估工作过程中，宾川县的同志向我们介绍，时任中央政治局常委、中央纪委书记王岐山同志在云南考察期间走访了莅村，了解农村产业发展和精准扶贫工作。大理州委常委、宾川县委书记岳黎松同志给我们详细介绍了县委、县政府针对精准扶贫精准脱贫工作的思路和安排。岳黎松书记特别强调扶贫工作必须立足于农村基层党组织建设，通过各项精准扶贫措施的实施，在完成脱贫目标任务的同时，建立起坚强有力的"村两委"，从而实现农村治理的长期有效。

2000年前后，农民负担沉重，村级债务剧增，干群关系紧张，农村治理陷入困境。在农民负担持续加重，农村治理逐步陷入危机的同时，农村民主化进程不断推进，《村民委员会组织法》1988年试行，1998年正式实施，它强调"民主选举、民主决策、民主管理、民主监督"。从日渐严重的农村治理形势来看，村级民主对于解决农村困境作用甚微。农村基层组织运转困难，战斗力不强，威信也日渐流失。

2013年11月习近平到湖南湘西考察时首次提出精准扶贫，从某种意义上讲，精准扶贫的重要目标之一就是加强推进基层党建来寻求破解农村治理困境的破局。

茆村党总支直接领导的产业扶贫模式强化了基层党组织，凝聚了人心，提升了公信力。基层组织由弱变强，党员干部精气神发生根本转变，由过去被动工作转变为主动作为，在脱贫攻坚中彰显了不可替代的政治优势和组织优势，基层党组织在群众心中的威信树立起来，说话有人听，干事有人跟。

贫困地区的脱贫攻坚任务离不开政府的大力支持。农村地区的脱贫需要政府根据当地的具体情况，制定并实施各种扶贫政策，并为其经济发展营造良好的条件，发动社会各界团体和个人积极参与，鼓励各种合作，提高扶贫开发效率，在此过程中，需要政府行使和使用手中的行政权力。党和政府义不容辞地是扶贫攻坚的推动者和主导者。在莇村脱贫攻坚过程中，承担挂包任务的宾川县纪委和莇村所在大营镇党委、政府主导并有效破解了莇村脱贫攻坚进程中产业发展的四个难题。

一是连片流转土地，破解产业扶贫项目用地难题。在公平公正依法的基础上，以略高于土地流转市场价格，科学合理确定土地流转价格和期限，让流转土地的农民有利益，主动自愿流转土地，有效解决了项目实施无集中连片用地的难题。

二是银企农联合，破解产业扶贫项目融资难题。采取以宾川县天子农业专业合作社为贷款主体，以葡萄水果权证为抵押，由宾川县华侨庄园农业科技开发有限公司担保的形式，向宾川县富滇银行以"金果贷"的形式贷款；采取以宾川县天子农业专业合作社为贷款主体，县人民政府担保的形式，向宾川县信用合作社贷款；采取以建档立卡贫困户为贷款主体，挂钩帮扶责任人担保的形式，向宾川县信用合作联社产业扶贫贷款。

三是校企社联合，破解产业扶贫项目技术支撑难题。宾川县天子农业专业合作社积极与宾川县华侨庄园农业科技开发有限公司、上海交通大学合作，与国家葡萄产业技术体系建立对口帮扶机制，由企业和院校派葡萄技术专家对葡萄基地生产全过程进行技术指导，用一流的管理技术保证种出一流品质的葡萄，有效解决项目建设的技术难题。

四是市场保障，创新营销模式，破解产品销售难题。宾川县华侨庄园农业科技开发有限公司是宾川县13家农业龙头企业之一，莿村党总支和村委会在上级挂钩部门县纪委和镇党委政府的牵头帮助下，通过与华侨庄园公司合作，由公司提供项目规划、生产管理、技术服务、市场营销和技能培训，在莿村新建200亩"阳光玫瑰"葡萄示范基地。莿村农民专业合作社的葡萄及其他产品，以不低于市场价的价格优先销售给企业，保证企业的产品供给，并由企业调控葡萄上市时间，从而实现错峰销售，最大限度增强竞争优势、提高销售价格。在责任方面，要求企业为农民专业合作社提供项目规划、生产管理、技术服务、市场营销和技能培训，以略高于市场价的价格回购"种植基地"产品，最大限度保护专业合作社和群众的利益。

总而言之，莿村党总支直接领导的产业扶贫模式是通过在贫困地区建立农产品基地，发展支柱产业，特别是通过龙头企业、基地与农户签订农产品订单等多种方式，带动贫困地区农民调整结构、增加收入的一种农业产业化形式。其主要以产业开发和产业建设为具体形式，通过企业集聚、城镇化建设实现贫困人口脱贫致富和地方经济的可持续发展，进而推动农业现代化进程。

2018年，莿村已经顺利完成了摆脱贫困的任务，初步显现出农村基层组织由弱转强、集体经济从无到有、公共服务有效提升的乡村治理良好态势。大理州委、州政府把莿村的党建与扶贫双推进模式列为大理全州产业扶贫主推模式。

今天的莿村站在实现全面建成小康社会目标和实施乡村振兴战略的新起点上。县委、县政府率领大营镇和莳村领导班子，进一步理清莳村的发展思路，决定用两年左右的时间，按照"四村一基地"的标准建设新莳村，即国家级历史文化名村、人居环境提升改造示范村、乡村旅游示范村、廉政文化示范村和扶贫产业示范基地。为切实做好莳村建设工作，在前期已编制完成的《省级历史文化名村莳村保护性规划》、《省级历史文化名村莳村保护性详细规划》、《中国传统村落莳村保护发展规划》、《莳村——旅游扶贫试点村规划》和《莳村非物质文化遗产保护规划》等规划的基础上，委托昆明市建筑设计研究院集团有限公司按照"四村一基地"的思路编制《莳村发展总体规划》。同时，结合党的十九大精神，抓住乡村振兴战略机遇，以养老养生为产业引领，编制产业发展、文化旅游发展、海绵小镇建设和建设项目策划及运营方案4个专题研究，国家级历史文化名村、廉政文化示范村及莳亨古韵特色小镇3个专项规划。着眼于时代进步，立足于区域综合发展，科学谋划莳村建设发展。可以预计，莳村未来几年的建设发展对于我国农村地区经济社会转型发展将具有典型意义。这给我们观察研究少数民族农村社区从摆脱贫困到实现小康，进而融入国家现代化的伟大历史进程提供了极有价值的样本。

目 录

// 001　第一章　莳村概况
- / 004　第一节　位置与起源
- / 005　第二节　文化传统

// 011　第二章　莳村经济发展
- / 013　第一节　人口
- / 029　第二节　土地资源
- / 033　第三节　经济发展情况
- / 041　第四节　农户家庭财产及生活状况

// 059　第三章　莳村社会发展
- / 061　第一节　社会参与
- / 077　第二节　政治参与
- / 082　第三节　社区安全
- / 084　第四节　基本生活保障
- / 091　第五节　村规民约及组织制度

// 097　第四章　莳村精准脱贫历程
- / 099　第一节　贫困成因

/ 104	第二节	贫困人口的确定与调整
/ 107	第三节	精准扶贫的思路与措施
/ 112	第四节	精准扶贫的成效
/ 115	第五节	茹村未来建设发展计划

// 119　第五章　茹村基层党建与精准扶贫双推进模式

/ 121	第一节	茹村基层党建与精准脱贫双推进的意义
/ 126	第二节	产业的选择
/ 129	第三节	政府的角色
/ 133	第四节	龙头企业的选择
/ 135	第五节	农户的参与
/ 137	第六节	合作社的建立
/ 139	第七节	可持续的管理机制

// 143　参考文献

// 145　后　记

第一章

莉村概况

荪村居住着白族、汉族、傈僳族三个民族，其中白族占90%，是中国西南地区具有代表性的白族古村落之一，历史上是金沙江沿岸及川西进入滇藏茶马古道的食宿站。在唐宋时期，荪村诞生了南诏大义宁国国王杨干贞，至今保留了较为完整的白族文化传统，于2006年5月被云南省人民政府命名为非物质文化遗产白族传统文化保护区；2007年1月被云南省人民政府列为省级历史文化名村；2013年被列入第二批中国传统村落名录；2015年6月，被列为全国第一批旅游扶贫试点村；2017年被列入第二批中国少数民族特色村寨名录。

第一节 位置与起源

莳村海拔 1860 米,年平均气温 20.4℃,年均降雨量 600 毫米,属山地地貌,村域面积 81.99 平方公里。

一 地理位置

莳村位于东经 100°、北纬 23.45°,村庄依山而建,顺西向东分布莳头、邑尾、莳中、莳尾、黑家邑、东庄、茅草坪等自然村,位于大理洱海东岸,距大理州府所在地 46 公里,距宾川县城 35 公里,沿环海路向北、向西 19 公里分别到达大理市挖色镇、海东镇,西北两线与环(洱)海路、大(理)丽(江)高速和香格里拉铁路交会,向北 40 公里可达国家 4A 级风景名胜区鸡足山。

图 1-1 莳村全景

说明:除特殊注明外,本书所有图片均由大营镇政府提供。

二 历史起源

大约4000年前，茘村就有人类繁衍。近年来在茘村四周山坡发现了新石器遗物分布点两处，青铜器时代文物30余件，重要者如编钟。公元前109年，即汉武帝元封二年，汉王朝在云南大理地区设置郡县，茘村成为益州郡叶榆县的一个村落。1949年中华人民共和国成立后，茘村属大理州宾川县大营镇管辖。

第二节 文化传统

茘村文化底蕴浓厚，历史传统源远流长，有独特的祭祀、纪念性文化，农耕文化，丧葬文化，家族文化及民间谚语、故事、传说、民歌、乐器、舞蹈，还有独特的白族饮食文化、宗教建筑、节日民俗。

一 民俗民风

茘村保存着最完整、最古老，又最具典型建筑风格的白族建筑群。茘村村落建筑严谨规整，以"一坊一廊""三坊一照壁""四合五天井"的土木结构为主。民居极其精致，斗拱重叠、屋角飞翘，门窗上透雕法刻出了

图1-2 莿村民居

一层层栩栩如生的人物花鸟,木雕、泥塑、石雕、绘画具有浓厚的白族风格。莿村民居现存古老的四合院,前厅后院,修廊曲庑,备极精巧。

莿村还保留着古老的手工织布和刺绣艺术,莿村白族服饰保留南诏遗风,是典型的古代白族服饰。妇女心灵手巧,将十字绣、平绣、相针莿棱绣等刺绣针法用于衣服、鞋、帽等生活用品。

图1-3 莿村手工织布和刺绣艺术

莳村以糯米和大米为主食,常以"三冷三热八大碗"待客,重大节日和喜宴采用传统的"跳菜"方式出桌,并以吹吹腔伴奏。

图1-4 莳村喜宴

二 宗教祭祀

莿村是南诏政权覆灭之后大义宁国国王杨干贞的故里。传统的"天子节"活动在每年农历正月十一至十五举行，场面极其隆重壮观，充分体现了莿村的民族文化，演绎着莿村的历史，集佛教、原始宗教、民族艺术、民族礼仪及宫廷礼仪于其中，展现出莿村悠久的历史和文化。①

图1-5 莿村举行"天子节"

---

① 根据莿村本土作家董泽清的《南诏·大义宁国国王故里——莿村》整理。

第二章

莿村经济发展

第一节　人口

人口是社会最基本的组成元素,与整个社会经济的进步和发展有着极为密切的联系。荊村人口状况和其他农村有着诸多的共性。

一　农户及人口情况

荊村辖8个自然村21个村民小组,截至2017年底,共有人口6302人,比2013年增长215人,增幅为3.53%。2017年底共有农户1757户,其中,纯农户1570户,较2013年减少22户;农业兼业户138户,较2013年增加4

户（见表2-1）。2013年以来，纯农户逐步向农业兼业户过渡；非农业兼业户30户，非农户19户，其中少数民族有1580户，残疾家庭有168户，劳动力人数4850人；低保户有125户，五保户有28户。从农户及人口情况来看，荊村五年来农户及人口较为稳定，人口迁徙和流动不频繁。[①]

表2-1 荊村农户及人口情况

单位：户，人

年份	农户及人口情况					汇总人口数
	总农户数					
	合计	纯农户	农业兼业户	非农业兼业户	非农户	
2013	1775	1592	134	30	19	6087
2014	1749	1567	133	30	19	6207
2015	1722	1540	133	30	19	6174
2016	1741	1554	138	30	19	6235
2017	1757	1570	138	30	19	6302

资料来源：精准扶贫精准脱贫百村调研荊村调研。

说明：本书统计图表，除特殊标注，均来自荊村调研。

二 人口结构

人口包括不同年龄的个人。人口年龄状况是分析人口结构的一个重要表征，因为在社会经济生活中，不同年龄段的人所处的地位不同、身份不同。从抽样调查数据来看，荊村年龄均值为36.68岁，中青年人口所占的比重较大，目前还属于正在向前发展的年轻化人口结构，但是60岁及60岁以上的老年人口所占比重（18.7%）也不小（见图2-1）。

[①] 数据由大营镇及荊村村委会提供，以下未标注来源的数据为调查数据。

性别结构对婚姻和家庭状况有直接影响,也是影响社会经济发展和劳动者务农就业的重要参数。从抽样调查数据来看,荊村男性占被调查样本总数的52.3%;女性占被调查样本总数的47.7%,可以发现荊村男性人口明显多于女性人口,与大多数中国农村地区情况相同。

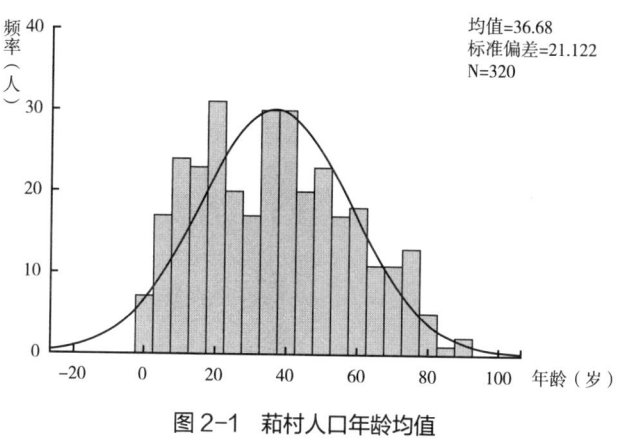

图2-1 荊村人口年龄均值

三 民族结构

荊村主体民族为白族。在被调查的331个村民中,汉族22人,占被调查者的6.6%;白族308人,占被调查者的93.1%;其他民族1人,占被调查者的0.3%(见表2-2)。

表2-2 荊村民族结构

单位:人,%

项目		频率	百分比	有效百分比	累积百分比
有效	汉族	22	6.6	6.6	6.6
	白族	308	93.1	93.1	99.7
	其他民族	1	0.3	0.3	100.0
	合计	331	100.0	100.0	

四 人口素质

人口素质是反映人口总体特征的重要指标,其中人口的科学文化素质是一个重要的方面,人口的受教育程度是反映人口素质高低的重要指标,在一定程度上对区域社会经济发展具有重要影响。

莿村有幼儿园1所,幼儿园在园人数126人,当前3~5周岁儿童不在园人数180人,超过半数的儿童没有参加学前教育。村内小学建成于1992年,面积为3200平方米,开设一至六年级,在校生有516人,公办教师有24人,其中本科学历的教师15人,大专学历的教师9人。小学阶段适龄儿童528人,其中女童242人;在本村小学上学人数516人,其中女生236人,156人住校;在县市小学上学人数4人,其中女生2人;去县外其他地方上学4人,其中女生1人;适龄儿童无辍学情况。乡镇中学距离本村6公里,在乡镇中学上学的有256人,其中女生117人,全部住校;在县城上中学的有8人,其中女生5人;去县外其他地方上学的有12人,其中女生5人,无辍学情况。村内有农民文化技术学校,举办过5次农业技术讲座,参加农业技术培训2560人次,参加职业技术培训1880人次。比较而言,虽然近几年莿村的教育条件逐渐得到改善,人们思想意识不断进步,但是从村委会的资料来看,莿村的文盲半文盲有2120人,文化素质总体上仍然较低。

在调查中,文化程度统计数据缺失32份,实际有效调查数据为299份，缺失率为样本数据的9.7%。被调查的331个村民中有小学未毕业及文盲64人，占被调查者的有效百分比为21.4%；小学文化的有113人，占被调查者的有效百分比为37.8%；初中文化的有79人，占被调查者的有效百分比为26.4%；高中文化的有13人，占被调查者的有效百分比为4.3%；中专文化的有15人，占被调查者的有效百分比为5.0%；大专及以上文化的有15人，占被调查者的有效百分比为5.0%（见表2-3）。

表2-3 荊村村民文化程度

单位：人，%

	文化程度	频率	百分比	有效百分比	累积百分比
有效	小学未毕业及文盲	64	19.3	21.4	21.4
	小学	113	34.1	37.8	59.2
	初中	79	23.9	26.4	85.6
	高中	13	3.9	4.3	90.0
	中专（职高技校）	15	4.5	5.0	95.0
	大专及以上	15	4.5	5.0	100.0
	合计	299	90.3	100.0	
缺失	系统	32	9.7		
	合计	331	100.0		

五 劳动力状况

截至2017年底，荊村共有劳动力3887人，较2013年减少273人。同期，从事家庭经营的劳动力人数减少269人，从事第一产业生产的劳动力人数减少292人，外出务工劳动力人数增加59人（见表2-4）。①

---

① 数据由大营镇及荊村村委会提供。

表 2-4 莿村劳动力数汇总

单位：人

年份	汇总劳动力数	其中：						
		从事家庭经营	其中：从事第一产业	外出务工劳动力	常年外出务工劳动力	其中：		
						（1）乡外县内	（2）县外省内	（3）省外
2013	4160	3408	3338	689	689	313	250	126
2014	4160	3426	3328	705	616	236	252	128
2015	4178	3452	3338	726	626	239	255	132
2016	4233	3444	3350	766	659	257	263	139
2017	3887	3139	3046	748	648	246	263	139

六 务工状况

对 331 个村民外出务工的统计调查，数据缺失 62 份，实际有效调查数据为 269 份。其中在乡镇内务工的有 33 人，占被调查者的有效百分比为 12.3%；在乡镇外县内务工的有 9 人，占被调查者的有效百分比为 3.3%；在县外省内务工的有 23 人，占被调查者的有效百分比为 8.6%；在省外务工的有 8 人，占被调查者的有效百分比为 3.0%；其他（包括在家务农、学生、军人等情况）有 196 人，占被调查者的有效百分比为 72.9%（见表 2-5）。

表 2-5 莿村村民务工状况

单位：人，%

	务工状况	频率	百分比	有效百分比	累积百分比
有效	乡镇内务工	33	10.0	12.3	12.3
	乡镇外县内务工	9	2.7	3.3	15.6
	县外省内务工	23	6.9	8.6	24.2
	省外务工	8	2.4	3.0	27.1

续表

务工状况		频率	百分比	有效百分比	累积百分比
有效	其他（包括在家务农、学生、军人等情况）	196	59.2	72.9	100.0
	合计	269	81.3	100.0	
缺失	系统	62	18.7		
合计		331	100.0		

对在外务工者务工时间的调查统计，数据缺失99份，实际有效调查数据为232份。其中被调查者务工时间在3个月以内的有12人，占被调查者的有效百分比为5.2%；务工时间在3~6个月的有5人，占被调查者的有效百分比为2.2%；务工时间在6~12个月的有51人，占被调查者的有效百分比为22.0%；无务工时间的有164人，占被调查者的有效百分比为70.7%（见表2-6）。其中从在外务工者的务工时间频率分布来看，大部分外出务工者以零工为主，外出务工时间较短。

表2-6 莿村村民务工时间

单位：人，%

务工时间		频率	百分比	有效百分比	累积百分比
有效	3个月以内	12	3.6	5.2	5.2
	3~6个月	5	1.5	2.2	7.3
	6~12个月	51	15.4	22.0	29.3
	无	164	49.5	70.7	100.0
	合计	232	70.1	100.0	
缺失	系统	99	29.9		
合计		331	100.0		

对331个村民一年内在家时间的调查统计，数据缺失15份，实际有效调查数据为316份。其中被调查者在家时间为3个月以内的有56人，占被调查者的有效百分比为17.7%；在家时间为3~6个月的有15人，占被调查者的有效百分比为4.7%；在家时间为6~12个月的有245人，占被调查者的有效百分比为77.5%（见表2-7）。

表2-7 莉村村民在家时间情况

单位：人，%

在家时间		频率	百分比	有效百分比	累积百分比
有效	3个月以内	56	16.9	17.7	17.7
	3~6个月	15	4.5	4.7	22.5
	6~12个月	245	74.0	77.5	100.0
	合计	316	95.5	100.0	
缺失	系统	15	4.5		
合计		331	100.0		

对331个村民中在外务工者"务工主要收入是否带回家"的调查统计，数据缺失205份，实际有效调查数据为126份。其中被调查者务工主要收入带回家的有43人，占被调查者的有效百分比为34.1%；务工主要收入没有带回家的有83人，占被调查者的有效百分比为65.9%（见表2-8）。

七 健康状况

在被调查的331个村民中，对健康状况的统计数据缺失6份，实际有效调查数据为325份。其中健康的有278人，占被调查者的有效百分比为85.5%；患长期慢性病的有26人，占被调查者的有效百分比为8.0%；患有大病的有9人，占被调查者的有效百分比为2.8%；残疾的有12人，占被调查者的有效百分比为3.7%（见表2-9）。

表2-8 荝村村民务工主要收入是否带回家的情况

单位：人，%

项目		频率	百分比	有效百分比	累积百分比
有效	是	43	13.0	34.1	34.1
	否	83	25.1	65.9	100.0
	合计	126	38.1	100.0	
缺失	系统	205	61.9		
合计		331	100.0		

表2-9 荝村村民健康情况

单位：人，%

健康状况		频率	百分比	有效百分比	累积百分比
有效	健康	278	84.0	85.5	85.5
	患长期慢性病	26	7.9	8.0	93.5
	患有大病	9	2.7	2.8	96.3
	残疾	12	3.6	3.7	100.0
	合计	325	98.2	100.0	
缺失	系统	6	1.8		
合计		331	100.0		

八 参加体检状况

在被调查的331个村民中,对2016年是否参加体检的统计,数据缺失1份,实际有效调查数据为330份。其中被调查者参加体检的有63人,占被调查者的有效百分比为19.1%;被调查者没有参加体检的有267人,占被调查者的有效百分比为80.9%(见表2-10)。

表2-10 荪村村民2016年参加体检状况

单位:人,%

项目		频率	百分比	有效百分比	累积百分比
有效	是	63	19.0	19.1	19.1
	否	267	80.7	80.9	100.0
	合计	330	99.7	100.0	
缺失	系统	1	0.3		
合计		331	100.0		

九 劳动、自理能力状况

在被调查的331个村民中,对劳动、自理能力的统计,数据缺失1份,实际有效调查数据为330份。其中为普通全劳动力的有180人,占被调查者的有效百分比为54.5%;为部分丧失劳动能力的有24人,占被调查者的有效百分比为7.3%;无劳动能力但有自理能力的有39人,占被调查者的有效百分比为11.8%;无自理能力的有6人,占被调查者的有效百分比为1.8%;不适用(在校学生或不满16周岁)的有81人,占被调查者的有效百分比为24.5%(见表2-11)。

表2-11 莉村村民劳动、自理能力状况

单位：人，%

	项目	频率	百分比	有效百分比	累积百分比
有效	普通全劳动力	180	54.4	54.5	54.5
	部分丧失劳动能力	24	7.3	7.3	61.8
	无劳动能力但有自理能力	39	11.8	11.8	73.6
	无自理能力	6	1.8	1.8	75.5
	不适用（在校学生或不满16周岁）	81	24.5	24.5	100.0
	合计	330	99.7	100.0	
缺失	系统	1	0.3		
合计		331	100.0		

十 婚姻状况

在被调查的331个村民中，对婚姻状况的统计，数据缺失66份，实际有效调查数据为265份。其中已婚的有195人，占被调查者的有效百分比为73.6%；未婚的有51人，占被调查者的有效百分比为19.2%；离异的有1人，占被调查者的有效百分比为0.4%；丧偶的有18人，占被调查者的有效百分比为6.8%（见表2-12）。

表2-12 莉村村民婚姻状况

单位：人，%

	婚姻状况	频率	百分比	有效百分比	累积百分比
有效	已婚	195	58.9	73.6	73.6
	未婚	51	15.4	19.2	92.8
	离异	1	0.3	0.4	93.2
	丧偶	18	5.4	6.8	100.0
	合计	265	80.1	100.0	
缺失	系统	66	19.9		
合计		331	100.0		

十一 医疗保险情况

1. 新型农村合作医疗保险

新型农村合作医疗保险增强贫困居民的抗风险能力,在看病就医时能有效减轻家庭经济负担。在被调查的331个村民中,对"是否参与新型农村合作医疗保险"的统计,数据缺失2份,实际有效调查数据为329份。在被调查的329人中,参加新型农村合作医疗保险的有326人,占被调查者的有效百分比为99.1%;没有参加新型农村合作医疗保险的有3人,占被调查者的有效百分比为0.9%(见表2-13)。

表2-13 莉村村民参加新农合情况

单位:人,%

项目		频率	百分比	有效百分比	累积百分比
有效	否	3	0.9	0.9	0.9
	是	326	98.5	99.1	100.0
	合计	329	99.4	100.0	
缺失	系统	2	0.6		
合计		331	100.0		

2. 城镇居民医保

在被调查的331个村民中,对"是否参与城镇居民医保"的统计,数据缺失2份,实际有效调查数据为329份。在被调查的329人中,参加城镇居民医保的有2人,占被调查者的有效百分比为0.6%;没有参加城镇居民医保的有327人,占被调查者的有效百分比为99.4%(见表2-14)。

表2-14 莳村村民参加城镇居民医保情况

单位：人，%

项目		频率	百分比	有效百分比	累积百分比
有效	否	327	98.8	99.4	99.4
	是	2	0.6	0.6	100.0
	合计	329	99.4	100.0	
缺失	系统	2	0.6		
合计		331	100.0		

3. 职工医保

在被调查的331个村民中，对"是否参与职工医保"的统计，数据缺失63份，实际有效调查数据为268份。被调查的268人均没有参加职工医保，占被调查者的有效百分比为100%（见表2-15）。

表2-15 莳村村民参加职工医保情况

单位：人，%

项目		频率	百分比	有效百分比	累积百分比
有效	否	268	81.0	100.0	100.0
缺失	系统	63	19.0		
合计		331	100.0		

4. 商业保险

在被调查的331个村民中，对"是否参与商业保险"的统计，数据缺失2份，实际有效调查数据为329份。在被调查的329人中，均没有参加商业保险，占被调查者的有效百分比为100%（见表2-16）。

表2-16 莳村村民参与商业保险情况

单位：人，%

项目		频率	百分比	有效百分比	累积百分比
有效	否	329	99.4	100.0	100.0
缺失	系统	2	0.6		
合计		331	100.0		

十二 养老保险情况

1. 城乡居民基本养老保险

在被调查的331个村民中，对"是否参与城乡居民基本养老保险"的统计，数据缺失75份，实际有效调查数据为256份。在被调查的256人中，参加城乡居民基本养老保险的有230人，占被调查者的有效百分比为89.8%；没有参加城乡居民基本养老保险的有26人，占被调查者的有效百分比为10.2%（见表2-17）。

表2-17 莳村村民参与城乡居民基本养老保险情况

单位：人，%

项目		频率	百分比	有效百分比	累积百分比
有效	否	26	7.9	10.2	10.2
	是	230	69.5	89.8	100.0
	合计	256	77.3	100.0	
缺失	系统	75	22.7		
合计		331	100.0		

2. 城镇职工基本养老保险

在被调查的331个村民中，对"是否参与城镇职工基本养老保险"的统计，数据缺失75份，实际有效调查数据为256

份。在被调查的256人中，参加城镇职工基本养老保险的有3人，占被调查者的有效百分比为1.2%；没有参加城镇职工基本养老保险的有253人，占被调查者的有效百分比为98.8%（见表2-18）。

表2-18 莳村村民参与城镇职工基本养老保险情况

单位：人，%

项目		频率	百分比	有效百分比	累积百分比
有效	否	253	76.4	98.8	98.8
	是	3	0.9	1.2	100.0
	合计	256	77.3	100.0	
缺失	系统	75	22.7		
合计		331	100.0		

3. 商业养老保险

在被调查的331个村民中，对"是否参与商业养老保险"的统计，数据缺失75份，实际有效调查数据为256份。被调查的256人均没有参加商业养老保险，占被调查者的有效百分比为100%（见表2-19）。

表2-19 莳村村民参与商业养老保险情况

单位：人，%

项目		频率	百分比	有效百分比	累积百分比
有效	否	256	77.3	100.0	100.0
缺失	系统	75	22.7		
合计		331	100.0		

4. 退休金

在被调查的331个村民中，对"是否有退休金"的统计中，数据缺失75份，实际有效调查数据为256份。被调查的256人均没有退休金，占被调查者的有效百分比为100%（见表2-20）。

表2-20 莉村村民是否有退休金情况

单位：人，%

项目		频率	百分比	有效百分比	累积百分比
有效	否	256	77.3	100.0	100.0
缺失	系统	75	22.7		
合计		331	100.0		

十三 户籍情况

1. 户籍类型

在被调查的331个村民中，对户籍类型的统计，数据缺失2份，实际有效调查数据为329份。在被调查的329人中，户籍为农业户的有327人，占被调查者的有效百分比为99.4%；户籍为居民户的有2人，占被调查者的有效百分比为0.6%（见表2-21）。

表2-21 莉村村民户籍类型

单位：人，%

项目		频率	百分比	有效百分比	累积百分比
有效	农业户	327	98.8	99.4	99.4
	居民户	2	0.6	0.6	100.0
	合计	329	99.4	100.0	
缺失	系统	2	0.6		
合计		331	100.0		

2. 户口是否在本户

在被调查的331个村民中，对户口是否在本户的统计，户口是本户的有328人，占被调查者的百分比为99.1%；户口不是本户的有3人，占被调查者的百分比为0.9%（见表2-22）。

表2-22 莳村村民户口是否在本户

单位：人，%

项目		频率	百分比	有效百分比	累积百分比
有效	是	328	99.1	99.1	99.1
	否	3	0.9	0.9	100.0
	合计	331	100.0	100.0	

3.是否本户常住人口

在被调查的331个村民中，对"是否本户常住人口"的统计，数据缺失2份，实际有效调查数据为329份。在被调查的329人中，本户常住人口有307人，占被调查者的有效百分比为93.3%；不是本户常住人口的有22人，占被调查者的有效百分比为6.7%（见表2-23）。

表2-23 莳村村民是否本户常住人口

单位：人，%

项目		频率	百分比	有效百分比	累积百分比
有效	是	307	92.7	93.3	93.3
	否	22	6.6	6.7	100.0
	合计	329	99.4	100.0	
缺失	系统	2	0.6		
合计		331	100.0		

第二节 土地资源

资源是经济发展的基础，对经济的发展起决定性作用。莳村是一个传统的农业村庄，土地几乎是它所拥有的唯一自然资源。

一 土地资源数量

截至2017年底，莳村集体所有农用地总面积为17048亩，其中耕地8061亩，园地2497亩，林地6290亩，养殖水面200亩，2013年至2017年集体所有农用地面积没有明显变化（见表2-24）。

表2-24 莳村集体所有农用地总面积

单位：万亩

| 年份 | 合计 | 耕地 | 其中： | | 园地 | 其中： | 林地 | 养殖水面 |
			1.归村所有的面积	2.归组所有的面积		家庭承包经营面积		
2013	1.71	0.82	0	0.82	0.24	0.24	0.63	0.02
2014	1.71	0.81	0	0.81	0.25	0.25	0.63	0.02
2015	1.7072	0.8085	0	0.8085	0.2497	0.2497	0.629	0.02
2016	1.7048	0.8061	0	0.8061	0.2497	0.2497	0.629	0.02
2017	1.7048	0.8061	0	0.8061	0.2497	0.2497	0.629	0.02

二 土地资源管理

在土地资源管理上，莳村主要实行土地承包到户的方式。耕地方面，村集体将水、旱地搭配组合后，以生产小组为单位，按照各家庭的人口数量，进行统一分配。截至

2017年底，茹村家庭承包经营的耕地面积为3965亩，家庭承包经营的农户数为1364户，家庭承包合同份数1364份，机动地面积108亩。[①]

表2-25 耕地承包情况

年份	（一）家庭承包经营的耕地面积（亩）	（二）家庭承包经营的农户数（户）	（三）家庭承包合同份数（份）	（四）颁发土地承包经营权证份数（份）	其中：以其他方式承包颁发（份）	（五）机动地面积（亩）
2013	3965	1364	1364	1364	0	108
2014	3965	1364	1364	1364	0	108
2015	3965	1364	1364	1364	0	108
2016	3965	1364	1364	1364	0	108
2017	3965	1364	1364	1364	0	108

家庭承包耕地流转情况。截至2017年底，茹村家庭承包耕地流转面积由2013年的1433亩增至2017年的2292亩，增长859亩，增幅59.94%；其中，转包耕地面积由2013年的302亩增至2017年的1444亩，增长1142亩，增幅378.15%。

家庭承包耕地流转去向。自2014年合作社成立以来，家庭承包耕地流转入企业的面积由2013年的320亩增至2017年的1430亩，增长1110亩，增幅346.88%。[②]

---

① 数据由大营镇提供。
② 数据由大营镇提供。

表2-26 莳村家庭承包耕地流转去向

单位：亩，%

年份	1.流转入农户面积	2.流转入合作社面积	3.流转入企业面积	4.流转入其他主体面积
2013	1113	0	320	0
2014	763	0	1230	0
2015	763	0	1230	0
2016	862		1430	
2017	862		1430	
增加面积			1110	
增幅			346.88	

流转用于种植粮食作物的面积由2013年的1433亩减至2017年的727亩；流转出承包耕地的农户数由2013年的842户增至2017年的1062户；签订耕地流转合同份数由2013年的842份增至2017年的1117份，其中签订书面流转合同404份，口头协议流转合同713份，口头协议数量是书面合同的1.76倍；签订流转合同的耕地流转面积由2013年的1433亩增至2017年的1993亩，增加560亩。[①]

表2-27 莳村家庭承包耕地流转途径

年份	流转用于种植粮食作物的面积（亩）	流转出承包耕地的农户数（户）	签订耕地流转合同份数（份）	其中（1）签订书面流转合同份数（份）	（2）口头协议流转合同份数（份）	签订流转合同的耕地流转面积（亩）
2013	1433	842	842	230	612	1433
2014	1433	923	923	230	693	1993
2015	705	923	923	230	693	1993
2016	727	1062	1062	354	701	1993
2017	727	1062	1117	404	713	1993

① 数据由大营镇提供。

在被调查的 79 户农户中，耕地、旱地、园地、林地、养殖等土地资源面积状况如表 2-28 所示。

表 2-28 农户土地面积情况

单位：亩

项目	N	极小值	极大值	均值	标准差
有效灌溉耕地自有面积	67	0.40	8.00	2.1537	1.27675
有效灌溉耕地经营面积	36	0.50	8.00	2.0222	1.35417
旱地自有面积	46	0.10	50.00	5.2826	9.44976
旱地经营面积	20	0.10	20.00	4.1650	5.30395
园地自有面积	11	1.00	5.00	2.3727	1.25626
园地经营面积	11	1.00	5.00	2.3727	1.25626
林地自有面积	10	0.50	408.00	63.1500	124.88307
林地经营面积	4	2.00	408.00	105.2500	201.85040
养殖设施用地自有面积	6	0.20	133.00	70.2000	68.95332
养殖设施用地经营面积	4	0.20	133.00	70.3000	72.65141
有效的 N（列表状态）	0				

第三节　经济发展情况

理论上讲，一个地区的经济资源在很大程度上决定着其经济发展水平，即资源越丰富，经济发展水平就应越高。茹村在实施精准扶贫之前，基本上依托土地进行农业生产，经济发展水平不高，经济收入的主要来源还是种植、养殖业。村内种植业以玉米、蚕豆和葡萄为主，玉米种植 5800 亩，亩产 450 公斤，市场均价为 2.2 元 / 公斤；蚕豆种植 530 亩，亩产 530 公斤，市场均价为 4 元 / 公斤；葡萄种植 2400 亩，亩产 1200 公斤，市场均价为 5 元 /

公斤。村内养殖业以生猪、山羊和鸡禽为主,生猪出栏6500头,平均毛重130公斤,市场均价为18元/公斤;山羊出栏3200头,平均毛重50公斤,市场均价为30元/公斤;鸡禽出栏25000只,均重3公斤,市场均价为20元/公斤。①

一 经济总收入

2013年以来莿村经济总收入逐年增长,截至2017年底,莿村经济总收入为6739万元,比2013年增长2381万元,增幅为54.64%;出售产品收入由2013年的3511万元增至2017年的5196万元,增幅达47.99%;农民家庭经营收入由2013年的4358万元增至2017年的6696万元,增幅达53.65%;2015年以来,农民专业合作社开始赢利,合作社收入由2015年的34万元增至2017年的43万元,增幅达26.47%。②

表2-29 莿村农村经济总收入

单位:万元

年份	合计	其中:出售产品收入	按经营形式划分				
			1.乡(镇)办企业经营收入	2.村组集体经营收入	其中:村办企业收入	3.农民家庭经营收入	4.农民专业合作社经营收入	5.其他经营收入
2013	4358	3511	0	0	0	4358	0	0
2014	4881	3932	0	0	0	4881	0	0
2015	5314	4103	0	0	0	5280	34	0
2016	5989	4622	0	0	0	5951	38	0
2017	6739	5196	0	0	0	6696	43	0

① 数据由莿村村委会提供。
② 数据由大营镇提供。

按行业划分，增长额最多的为农业收入，由2013年的2268万元增至2017年的3559万元，增长1291万元，增幅56.92%；其次为牧业收入，由2013年的1276万元增至2017年的1879万元，增长603万元，增长47.26%；再次为运输业，由2013年的190万元增至2017年的305万元，增长115万元，增幅为60.53%。经济收入增长幅度最大的为建筑业收入，较2013年增幅为71.09%；其次为渔业收入，较2013年增幅为61.90%；再次为运输业收入，较2013年增长60.53%（见表2-30）。[1]

二 经济总投资

截至2017年底，莿村经济总投资费用为3362万元，总费用比2013年增长936万元，增幅为38.58%；其中，投资费用最多的为农业费用，由2013年的1390万元增至2017年的1682万元，增长292万元，增幅为21.01%；其次为牧业费用，由2013年的586万元增至2017年的983万元，增长397万元，增幅为67.75%；再次为第三产业费用，由2013年的270万元增至2017年的360万元，增长90万元，增幅为33.33%。投资费用增长幅度最大的为渔业，较2013年增幅为200.00%；其次为第二产业，较2013年增幅为87.64%；再次为林业，较2013年增幅为71.25%（见表2-31）。[2]

---

[1] 数据由大营镇提供。
[2] 数据由大营镇提供。

表2-30 莉村经济总收入(按行业划分)

单位:万元,%

项目	农业收入	林业收入	牧业收入	渔业收入	工业收入	建筑业	运输业	商饮业	服务业	其他	合计
2013年	2268	164	1276	21	45	128	190	191	19	56	4358
2014年	2539	184	1429	22	51	148	213	213	21	61	4881
2015年	2803	201	1483	27	57	173	241	237	24	68	5314
2016年	3177	226	1671	30	64	195	271	267	27	77	6005
2017年	3559	254	1879	34	72	219	305	300	30	87	6739
增长额	1291	90	603	13	27	91	115	109	11	31	2381
增幅	56.92	54.88	47.26	61.90	60.00	71.09	60.53	57.07	57.89	55.36	54.64

表 2-31 耗村经济总投资费用

单位：万元，%

项目	合计	总费用						其中：	
		1.农业费用	2.林业费用	3.牧业费用	4.渔业费用	5.第二产业费用	6.第三产业费用	（一）生产费	（二）管理费
2013年	2426	1390	80	586	11	89	270	1892	196
2014年	2758	1586	86	656	16	102	312	2175	226
2015年	2784	1599	96	695	21	118	255	2344	248
2016年	3051	1501	126	907	30	154	333	2723	328
2017年	3362	1682	137	983	33	167	360	3007	355
增长额	936	292	57	397	22	78	90	1115	159
增幅	38.58	21.01	71.25	67.75	200.00	87.64	33.33	58.93	81.12

三 可分配净收入

截至 2017 年底,荋村经济可分配净收入总额为 4636 万元,可分配净收入总额比 2013 年增长 1871 万元,增幅为 67.67%;其中国家税金由 2013 年的 8 万元增至 2017 年的 16 万元,增长 8 万元,增幅为 100%;上交国家有关部门由 2013 年的 3 万元增至 2017 年的 6 万元,增长 3 万元,增幅为 100%;农民经营所得由 2013 年的 2754 万元增至 2017 年的 4606 万元,增长 1852 万元,增幅为 67.25%(见表 2-32)。①

表 2-32 荋村经济可分配净收入总额

单位:万元,%

项目	合计	(一)国家税金	(二)上交国家有关部门	(三)外来投资分利
2013 年	2765	8	3	0
2014 年	3240	8	3	0
2015 年	3524	12	4	0
2016 年	4076	14	5	0
2017 年	4636	16	6	0
增长额	1871	8	3	0
增幅	67.67	100.00	100.00	
项目	(四)外来人员劳务收入	(五)企业各项留利	(六)乡村集体所得	(七)农民经营所得
2013 年	0	0	0	2754
2014 年	0	0	0	3229
2015 年	0	0	0	3508
2016 年	34	0	0	4023
2017 年	8	0	0	4606
增长额	8	0	0	1852
增幅				67.25

① 数据由大营镇提供。

四 农民人均所得

截至 2017 年底,莳村农民所得总额为 4614 万元,比 2013 年增长 1860 万元,增幅为 67.54%;农民人均所得为 7321 元,比 2013 年增长 2797 元,增幅为 61.83%(见表 2-33)。①

表 2-33 农民人均所得

项目	农民所得总额（万元）	农民人均所得			
		本年（元）	上一年（元）	增长额（元）	增幅（%）
2013 年	2754	4524	4124	400	9.7
2014 年	3229	5202	4524	678	14.99
2015 年	3508	5682	5202	480	9.23
2016 年	4046	6489	5682	807	14.20
2017 年	4614	7321	6489	832	12.82
增长额	1860	2797			
增幅（%）	67.54	61.83			

五 村集体经济收入与支出

截至 2017 年底,莳村集体经济总收入 95.62 万元,比 2016 年增长 10.92 万元,增幅为 12.89%;发包及上交收入由 2016 年的 0.61 万元增至 2017 年的 8.03 万元,增长 7.42 万元;补助收入由 2016 年的 63.19 万元增至 2017 年

---

① 数据由大营镇提供。

的81.65万元,增长18.46万元。①

截至2017年底,荫村集体经济总支出70.26万元,比2016年的66.71万元增加3.55万元;其中管理费用由2016年的29.75万元增至2017年的32.75万元,增长3万元;其他支出由2016年的36.96万元增至2017年的37.51万元,增长0.55万元。②

表2-34 荫村集体经济总收入

单位:万元

年份	合计	(一)经营收入	(二)发包及上交收入	(三)投资收益	(四)补助收入	(五)其他收入
2013	0					
2014	0					
2015	0					
2016	84.7		0.61	2	63.19	18.9
2017	95.62		8.03		81.65	5.94

表2-35 荫村集体经济总支出

单位:万元

年份	总支出					(三)其他支出
	合计	(一)经营支出	(二)管理费用			
			合计	1.干部报酬	2.报刊费	
2013	0					
2014	0					
2015	0					
2016	66.71		29.75	17.47	0.87	36.96
2017	70.26		32.75	8.1	0.44	37.51

---

① 数据由大营镇提供。
② 数据由大营镇提供。

第四节　农户家庭财产及生活状况

一　农户收入支出状况

在被调查的 79 户农户中，对收入描述统计分析显示，2016 年家庭纯收入极小值为负债 130000.00 元，极大值为 211200.00 元，均值为 26132.27 元。其中，工资性收入极小值为 0.00 元，极大值为 73500.00 元，均值为 8103.79 元；农业经营收入极小值为负债 40000.00 元，极大值为 80000.00 元，均值为 8246.32 元；农业经营支出极小值为 0.00 元，极大值为 40000.00 元，均值为 6372.15 元；非农业经营收入极小值为 0.00 元，极大值为 300000.00 元，均值为 10893.41 元；非农业经营支出极小值为 0.00 元，极大值为 160000.00 元，均值为 5379.74 元；财产性收入极小值为 0.00 元，极大值为 15600.00 元，均值为 3910.12 元；赡养性收入极小值为 0.00 元，极大值为 5000.00 元，均值为 108.86 元；低保金收入极小值为 0.00 元，极大值为 10800.00 元，均值为 1274.17 元；养老金、退休金收入极小值为 0.00 元，极大值为 64800.00 元，均值为 1329.49 元；报销医疗费极小值为 0.00 元，极大值为 30000.00 元，均值为 1873.41 元；礼金收入极小值为 0.00 元，极大值为 40000.00 元，均值为 1139.24 元；补贴性收入极小值为 0.00 元，极大值为 60000.00 元，均值为 1005.31 元。

表 2-36 农户收入支出状况

单位：元，户

收入描述统计量	N	极小值	极大值	均值	标准差
2016年家庭纯收入（依据分项推算）	79	−130000.00	211200.00	26132.27	37401.47
工资性收入	79	0.00	73500.00	8103.79	14362.54
农业经营收入	79	−40000.00	80000.00	8246.32	17515.88
农业经营支出	79	0.00	40000.00	6372.15	9695.08
非农业经营收入	79	0.00	300000.00	10893.41	37577.05
非农业经营支出	79	0.00	160000.00	5379.74	25141.80
财产性收入	79	0.00	15600.00	3910.12	5087.22
赡养性收入	79	0.00	5000.00	108.86	608.94
低保金收入	79	0.00	10800.00	1274.17	2522.91
养老金、退休金收入	79	0.00	64800.00	1329.49	7293.99
报销医疗费	79	0.00	30000.00	1873.41	5488.93
礼金收入	79	0.00	40000.00	1139.24	5988.73
补贴性收入（救济、农业及其他）	79	0.00	60000.00	1005.31	6752.48
有效的N（列表状态）	79				

在被调查的79户农户中，对2016年家庭生活消费总支出统计分析显示，2016年家庭生活消费总支出极小值为4550.00元，极大值为76400.00元，均值为23308.86元。其中，食品支出极小值为2400.00元，极大值为40000.00元，均值为8408.86元，食品支出占家庭收入的32.18%；报销后医疗总支出极小值为0.00元，极大值为50000.00元，均值为4383.54元；教育总支出极小值为0.00元，极大值为40000.00元，均值为4925.32元；养老保险费支出极小值为0.00元，极大值为500.00元，均值为246.83元；合作医疗保险费支出极小值为150.00元，极大值为4500.00元，均值为656.96元；礼金支出极小值为0.00元，极大值为15000.00元，均值为4687.34元。

表 2-37 农户生活消费支出状况

单位：元，户

支出描述统计量	N	极小值	极大值	均值	标准差
2016 年家庭生活消费总支出（推算）	79	4550.00	76400.00	23308.86	15478.37
食品支出	79	2400.00	40000.00	8408.86	5904.96
报销后医疗总支出	79	0.00	50000.00	4383.54	10065.05
教育总支出	79	0.00	40000.00	4925.32	7789.15
养老保险费	79	0.00	500.00	246.83	114.17
合作医疗保险费	79	150.00	4500.00	656.96	475.74
礼金支出	79	0.00	15000.00	4687.34	3476.82
有效的 N（列表状态）	79				

二 家庭财产与住房状况

对家庭财产状况统计分析显示，在被调查的 79 户农户中，农户家拥有财产性物件最多的为手机及联网智能手机，极大值均为 5 部；其次为电冰箱或冰柜，极大值为 4 台；另外为彩色电视机、摩托车/电动车（三轮车），极大值均为 3 台（辆）。

表 2-38 家庭财产状况

描述统计量	N（户）	极小值	极大值	均值	标准差
彩色电视机（台）	79	0	3	0.91	0.43
空调（台）	79	0	0	0.00	0.00
洗衣机（台）	79	0	1	0.57	0.50
电冰箱或冰柜（台）	79	0	4	0.59	0.65
电脑（台）	79	0	2	0.14	0.42
固定电话（部）	79	0	1	0.05	0.22
手机（部）	79	0	5	1.58	1.23
联网的智能手机（部）	79	0	5	1.10	1.36
摩托车/电动自行车（三轮车）（辆）	79	0	3	0.67	0.61

续表

描述统计量	N（户）	极小值	极大值	均值	标准差
轿车/面包车（辆）	79	0	2	0.18	0.42
卡车/中巴车/大客车（辆）	79	0	1	0.09	0.29
拖拉机（辆）	79	0	1	0.08	0.27
耕作机械［辆（台）］	79	0	1	0.18	0.38
播种机（辆）	79	0	1	0.01	0.11
收割机（辆）	79	0	1	0.03	0.16
其他农业机械设施	79	0	1	0.03	0.16
有效的N（列表状态）	79				

在被调查的79户农户中，对2016年家庭存款及借债统计分析显示，2016年底家庭存款极小值为0.00元，极大值为100000.00元，均值为2151.90元；2016年底家庭贷款极小值为0.00元，极大值为800000.00元，均值为66569.62元。

表2-39 家庭存款及借债状况

单位：元，户

项目	N	极小值	极大值	均值	标准差
2016年底家庭存款（包括借出的钱）	79	0.00	100000.00	2151.90	11758.35
2016年底家庭贷款（包括借入的钱）	79	0.00	800000.00	66569.62	99098.72
有效的N（列表状态）	79				

针对被调查户的住房情况，主要从住房现状、饮水现状、环境卫生、住房数量及建房年份等方面进行分析。

关于对当前住房状况的满意程度。在被调查的79户农户中，非常满意的有33户，占被调查户的41.8%；比较满意的有18户，占被调查户的22.8%；认为一般的有12

户,占被调查户的15.2%;认为不太满意的有7户,占被调查户的8.9%;很不满意的有9户,占被调查户的11.4%(见表2-40)。

关于住房来源。对住房来源的调查统计显示,在被调查的79户农户中,有自有住房的有78户,占被调查户的98.7%;其他有1户,该户住房为临时搭建,占被调查户的1.3%。

表2-40 对当前住房状况的满意程度

单位:户,%

	项目	频率	百分比	有效百分比	累积百分比
有效	非常满意	33	41.8	41.8	41.8
	比较满意	18	22.8	22.8	64.6
	一般	12	15.2	15.2	79.7
	不太满意	7	8.9	8.9	88.6
	很不满意	9	11.4	11.4	100.0
	合计	79	100.0	100.0	

表2-41 住房来源

单位:户,%

	项目	频率	百分比	有效百分比	累积百分比
有效	自有	78	98.7	98.7	98.7
	其他	1	1.3	1.3	100.0
	合计	79	100.0	100.0	

关于是否与别人共用这处住房。对79户农户的调查,数据缺失10份,实际有效调查数据为69份。被调查户独立拥有住房的有68户,占被调查户的有效百分比为98.6%;被调查户共用住房的有1户,占被调查户的有效

百分比为1.4%。共用住房的农户，占有该住房面积的比例为40%。

表2-42 "是否与别人共用这处住房"调查统计结果

单位：户，%

项目		频率	百分比	有效百分比	累积百分比
有效	独立	68	86.1	98.6	98.6
	共用	1	1.3	1.4	100.0
	合计	69	87.3	100.0	
缺失	系统	10	12.7		
合计		79	100.0		

关于住房类型。对住房类型的调查统计显示，在被调查的79户农户中，住房为平房的有41户，占被调查户的51.9%；住房为楼房的有38户，占被调查户的48.1%。

表2-43 住房类型

单位：户，%

项目		频率	百分比	有效百分比	累积百分比
有效	平房	41	51.9	51.9	51.9
	楼房	38	48.1	48.1	100.0
	合计	79	100.0	100.0	

关于住房状况。对79户农户住房状况的调查统计，数据缺失1份，实际有效调查数据为78份。被调查户住房状况一般或良好的有72户，占被调查户的有效百分比为92.3%；被调查户住房没有认定，但属于危房的有6户，占被调查户的有效百分比为7.7%。

表 2-44 住房状况

单位：户，%

	住房状况	频率	百分比	有效百分比	累积百分比
有效	状况一般或良好	72	91.1	92.3	92.3
	没有认定，但属于危房	6	7.6	7.7	100.0
	合计	78	98.7	100.0	
缺失	系统	1	1.3		
合计		79	100.0		

关于住房建筑材料。对住房建筑材料的调查统计显示，在被调查的79户农户中，住房建筑材料为砖瓦砖木结构的有20户，占被调查户的25.3%；住房建筑材料为砖混结构的有40户，占被调查户的50.6%；住房建筑材料为钢筋混凝土结构的有13户，占被调查户的16.5%；住房建筑材料为其他的有6户，占被调查户的7.6%。住房建筑材料为其他的6户农户中，材料为石棉瓦搭的有1户，占被调查户的1.3%；材料为土木的有5户，占被调查户的6.3%。

表 2-45 住房建筑材料状况

单位：户，%

	项目	频率	百分比	有效百分比	累积百分比
有效	砖瓦砖木	20	25.3	25.3	25.3
	砖混材料	40	50.6	50.6	75.9
	钢筋混凝土	13	16.5	16.5	92.4
	其他	6	7.6	7.6	100.0
	合计	79	100.0	100.0	

关于取暖设施。对79户农户住房主要取暖设施的调查统计，数据缺失1份，实际有效调查数据为78份。被调查户无取暖设施的有72户，占被调查户的有效百分比

为92.3%；取暖设施为太阳能的有3户，占被调查户的有效百分比为3.8%；取暖设施为空气能的有1户，占被调查户的有效百分比为1.3%；取暖设施为燃气的有2户，占被调查户的有效百分比为2.6%。

表2-46 最主要的取暖设施状况

单位：户，%

项目		频率	百分比	有效百分比	累积百分比
有效	无	72	91.1	92.3	92.3
	太阳能	3	3.8	3.8	96.2
	空气能	1	1.3	1.3	97.4
	燃气	2	2.5	2.6	100.0
	合计	78	98.7	100.0	
缺失	系统	1	1.3		
合计		79	100.0		

关于沐浴设施。对住房沐浴设施的调查统计显示，在被调查的79户农户中，被调查户住房无沐浴设施的有49户，占被调查户的62.0%；被调查户住房沐浴设施为电热水器的有2户，占被调查户的2.5%；被调查户住房沐浴设施为太阳能热水器的有28户，占被调查户的35.4%。

表2-47 是否有沐浴设施

单位：户，%

项目		频率	百分比	有效百分比	累积百分比
有效	无	49	62.0	62.0	62.0
	电热水器	2	2.5	2.5	64.6
	太阳能热水器	28	35.4	35.4	100.0
	合计	79	100.0	100.0	

关于互联网宽带。对住房互联网宽带的调查统计显示，在被调查的79户农户中，住房有互联网宽带的有13户，占被调查户的16.5%；住房无互联网宽带的有66户，占被调查户的83.5%。

表2-48 "是否有互联网宽带"调查统计结果

单位：户，%

项目		频率	百分比	有效百分比	累积百分比
有效	是	13	16.5	16.5	16.5
	否	66	83.5	83.5	100.0
	合计	79	100.0	100.0	

关于入户路类型。对住房入户路类型的调查统计显示，在被调查的79户农户中，住房入户路类型为泥土路的有20户，占被调查户的25.3%；住房入户路类型为砂石路的有12户，占被调查户的15.2%；住房入户路类型为水泥或柏油路的有47户，占被调查户的59.5%。

表2-49 住房入户路类型

单位：户，%

类型		频率	百分比	有效百分比	累积百分比
有效	泥土路	20	25.3	25.3	25.3
	砂石路	12	15.2	15.2	40.5
	水泥或柏油路	47	59.5	59.5	100.0
	合计	79	100.0	100.0	

关于主要饮用水源。对主要饮用水源的调查统计显示，在被调查的79户农户中，饮用经过净化处理的自来水的有41户，占被调查户的51.9%；饮用受保护的井水和泉水的有

30户,占被调查户的38.0%;饮用不受保护的井水和泉水的有8户,占被调查户的10.1%。

表2-50 最主要饮用水源

单位:户,%

	项目	频率	百分比	有效百分比	累积百分比
有效	经过净化处理的自来水	41	51.9	51.9	51.9
	受保护的井水和泉水	30	38.0	38.0	89.9
	不受保护的井水和泉水	8	10.1	10.1	100.0
	合计	79	100.0	100.0	

关于是否有管道供水。对是否有管道供水的调查统计显示,在被调查的79户农户中,管道供水入户的有53户,占被调查户的67.1%;管道供水至公共取水点的有1户,占被调查户的1.3%;没有管道设施的有25户,占被调查户的31.6%。

表2-51 是否管道供水

单位:户,%

	项目	频率	百分比	有效百分比	累积百分比
有效	管道供水入户	53	67.1	67.1	67.1
	管道供水至公共取水点	1	1.3	1.3	68.4
	没有管道设施	25	31.6	31.6	100.0
	合计	79	100.0	100.0	

农户在饮水方面,单次取水往返时间超过半小时、间断或定时供水、当年连续缺水时间超过15天等情况,均为存在饮水困难问题。

关于单次取水往返时间超过半小时。在被调查的79户农户中,关于"是否单次取水往返时间超过半小时"的调查统计，数据缺失2份，实际调查数据为77份。被调查户无此困难的有74户，占被调查户的有效百分比为96.1%；被调查户存在此困难的有3户，占被调查户的有效百分比为3.9%。

表2-52 "是否单次取水往返时间超过半小时"调查统计结果

单位：户，%

项目		频率	百分比	有效百分比	累积百分比
有效	否	74	93.7	96.1	96.1
	是	3	3.8	3.9	100.0
	合计	77	97.5	100.0	
缺失	系统	2	2.5		
合计		79	100.0		

关于间断或定时供水。在被调查的79户农户中，对"是否间断或定时供水"的调查统计数据缺失2份，实际调查数据为77份。被调查户无此困难的有68户，占被调查户的有效百分比为88.3%；被调查户存在此困难的有9户，占被调查户的有效百分比为11.7%。

表2-53 "是否间断或定时供水"调查统计结果

单位：户，%

项目		频率	百分比	有效百分比	累积百分比
有效	否	68	86.1	88.3	88.3
	是	9	11.4	11.7	100.0
	合计	77	97.5	100.0	
缺失	系统	2	2.5		
合计		79	100.0		

关于当年连续缺水时间超过15天。在被调查的79户农户中，对"是否当年连续缺水时间超过15天"的调查统计数据缺失2份，实际调查数据为77份。被调查户均无此困难，占被调查户的有效百分比为100.0%。

表2-54 "是否当年连续缺水时间超过15天"调查统计结果

单位：户，%

项目		频率	百分比	有效百分比	累积百分比
有效	否	77	97.5	100.0	100.0
缺失	系统	2	2.5		
合计		79	100.0		

在被调查的79户农户中，对"是否存在上述饮水困难"的调查统计数据缺失2份，实际调查数据为77份。被调查户无上述饮水困难的有12户，占被调查户的有效百分比为15.6%；被调查户存在上述困难的有65户，占被调查户的有效百分比为84.4%。

表2-55 "是否存在上述饮水困难"调查统计结果

单位：户，%

项目		频率	百分比	有效百分比	累积百分比
有效	否	12	15.2	15.6	15.6
	是	65	82.3	84.4	100.0
	合计	77	97.5	100.0	
缺失	系统	2	2.5		
合计		79	100.0		

三 环境卫生现状

1. 最主要炊事用能源

对最主要炊事用能源的调查统计显示，在被调查的79户农户中，最主要炊事用能源为柴草的有16户，占被调查户的20.3%；最主要炊事用能源为罐装液化石油气的有

1户，占被调查户的1.3%；最主要炊事用能源为电的有62户，占被调查户的78.5%。

表2-56 最主要炊事用能源情况

单位：户，%

	项目	频率	百分比	有效百分比	累积百分比
有效	柴草	16	20.3	20.3	20.3
	罐装液化石油气	1	1.3	1.3	21.5
	电	62	78.5	78.5	100.0
	合计	79	100.0	100.0	

2. 厕所类型

对厕所类型的调查统计显示，在被调查的79户农户中，厕所为传统旱厕的有23户，占被调查户的29.1%；厕所为卫生厕所的有39户，占被调查户的49.4%；没有厕所的有17户，占被调查户的21.5%。

表2-57 厕所类型

单位：户，%

	项目	频率	百分比	有效百分比	累积百分比
有效	传统旱厕	23	29.1	29.1	29.1
	卫生厕所	39	49.4	49.4	78.5
	没有厕所	17	21.5	21.5	100.0
	合计	79	100.0	100.0	

3. 生活垃圾处理

对生活垃圾处理的调查统计显示，在被调查的79户农户中，生活垃圾处理方式为送到垃圾池等的有1户，占被调查户的1.3%；生活垃圾处理方式为定点堆放的有78户，占被调查户的98.7%。

表2-58 生活垃圾处理情况

单位：户，%

	项目	频率	百分比	有效百分比	累积百分比
有效	送到垃圾池等	1	1.3	1.3	1.3
	定点堆放	78	98.7	98.7	100.0
	合计	79	100.0	100.0	

4. 生活污水排放

对生活污水排放的调查统计显示，在被调查的79户农户中，生活污水排放方式为管道排放的有2户，占被调查户的2.5%；生活污水排放方式为排到家里渗井的有1户，占被调查户的1.3%；生活污水排放方式为院外沟渠的有65户，占被调查户的82.3%；生活污水排放方式为随意排放的有11户，占被调查户的13.9%。

表2-59 生活污水排放情况

单位：户，%

	项目	频率	百分比	有效百分比	累积百分比
有效	管道排放	2	2.5	2.5	2.5
	排到家里渗井	1	1.3	1.3	3.8
	院外沟渠	65	82.3	82.3	86.1
	随意排放	11	13.9	13.9	100.0
	合计	79	100.0	100.0	

四 住房数量及建房年份

1. 住房描述统计量分析

在被调查的79户农户中，住房描述统计量分析显示，所调查农户拥有住房数量最少为1处，最多有2处；

有自有住房的农户，现有住房最早建造或购买于1917年，最晚建造或购买于2017年。统计显示，2016年建房或购买住房最多，当年有27户调查户新建或购买住房；建造或购买资金最少的为0.60万元，最多的为120万元，均值为16.04万元；住房建筑面积最小的为30.00平方米，最大的为480.00平方米，均值为170.68平方米；所调查农户住房与最近硬化公路的距离最近为0.00米，即住房在硬化路路边，最远的为2000.00米，均值为175.68米。

所调查农户有13户拥有2处住房，第2处住房面积最小为30.00平方米，最大为370.00平方米，均值为143.33平方米；第2处住房最早建造或购买于1917年，最晚建造或购买于2014年。

表2-60 住房描述统计量分析

项目	N（户）	极小值	极大值	均值	标准差
你家拥有几处住房（处）	74	1.00	2.00	1.18	0.38
如为自有，哪一年建造或购买（年）	79	1917.00	2017.00	2006.49	15.10
建造或购买花多少钱（万元）	71	0.60	120.00	16.04	15.33
如为租房，租房月租金（元）	0				
如果共用，你的家庭占用比例（%）	1	40.00	40.00	40.00	.
建筑面积（平方米）	79	30.00	480.00	170.68	110.44
与最近硬化公路的距离（米）	79	0.00	2000.00	175.68	373.53
第2处建筑面积（平方米）	13	30.00	370.00	143.33	111.30
第2处哪一年建造或购买（年）	13	1917.00	2014.00	1968.00	36.65
建造或购买第2处房子花了多少钱（万元）	13	0.10	400.00	758.85	1599.76
第3处建筑面积（平方米）	0				

续表

项目	N(户)	极小值	极大值	均值	标准差
第3处哪一年建造或购买（年）	0				
建造或购买第3处房子花了多少钱（万元）	0				
有效的N（列表状态）	0				

2. 你家拥有几处住房

在被调查的79户农户中，对"你家拥有几处住房"的统计数据缺失5份，实际有效调查数据为74份。拥有1处住房的有61户，占被调查户的有效百分比为82.4%；拥有2处住房的有13户，占被调查户的有效百分比为17.6%。

表2-61　农户家庭拥有几处住房

单位：户，%

项目		频率	百分比	有效百分比	累积百分比
有效	1处	61	77.2	82.4	82.4
	2处	13	16.5	17.6	100.0
	合计	74	93.7	100.0	
缺失	系统	5	6.3		
合计		79	100.0		

3. 如为自有，哪一年建造或购买

根据数据分析统计结果，在被调查的79户农户中，2016年建造或购买住房的最多，当年有27户被调查户新建或购买住房；其次为2008年、2015年，均有5户被调查户在当年新建或购买住房。

表2-62 农户住房建造或购买年份

单位：户，%

	年份	频率	百分比	有效百分比	累积百分比
有效	1917	1	1.3	1.3	1.3
	1965	1	1.3	1.3	2.5
	1980	2	2.5	2.5	5.1
	1986	1	1.3	1.3	6.3
	1988	2	2.5	2.5	8.9
	1989	2	2.5	2.5	11.4
	1990	2	2.5	2.5	13.9
	1994	1	1.3	1.3	15.2
	1995	2	2.5	2.5	17.7
	1998	2	2.5	2.5	20.3
	1999	1	1.3	1.3	21.5
	2000	2	2.5	2.5	24.1
	2002	1	1.3	1.3	25.3
	2003	3	3.8	3.8	29.1
	2004	3	3.8	3.8	32.9
	2005	1	1.3	1.3	34.2
	2006	1	1.3	1.3	35.4
	2008	5	6.3	6.3	41.8
	2009	1	1.3	1.3	43.0
	2011	1	1.3	1.3	44.3
	2012	1	1.3	1.3	45.6
	2013	4	5.1	5.1	50.6
	2014	4	5.1	5.1	55.7
	2015	5	6.3	6.3	62.0
	2016	27	34.2	34.2	96.2
	2017	3	3.8	3.8	100.0
	合计	79	100.0	100.0	

第三章

莉村社会发展

第一节　社会参与

被调查户社会参与情况，主要从家庭参与农民合作社、其他组织，婚姻状况，夫妻信任程度，临时有事的联系方式等方面进行分析。

一　家庭参与农民合作社

1. 本村或临近村有没有农民合作社

对"本村或临近村有没有农民合作社"的调查统计显示，在被调查的79户农户中，了解本村或临近村有农民合作社的有 72 户，占被调查户的 91.1%；不清楚本村或临近村有没有农民合作社的有 7 户，占被调查户的 8.9%。

表 3-1 "本村或临近村有没有农民合作社"调查统计结果

单位：户，%

项目		频率	百分比	有效百分比	累积百分比
有效	有	72	91.1	91.1	91.1
	不清楚	7	8.9	8.9	100.0
	合计	79	100.0	100.0	

2. 自家是否参加农民合作社

在被调查的 79 户农户中，对"自家是否参加农民合作社"的调查统计数据缺失 7 份，实际有效调查数据为 72 份，其中自家参加农民合作社的有 31 户，占被调查户的有效百分比为 43.1%，自家没有参加农民合作社的有 41 户，占被调查户的有效百分比为 56.9%。

表 3-2 "自家是否参加农民合作社"调查统计结果

单位：户，%

项目		频率	百分比	有效百分比	累积百分比
有效	是	31	39.2	43.1	43.1
	否	41	51.9	56.9	100.0
	合计	72	91.1	100.0	
缺失	系统	7	8.9		
合计		79	100.0		

3. 多长时间参加一次农民合作社活动

在回答这个问题的 15 个农户中，每月参加农民合作社活动的有 11 户，占被调查户的有效百分比为 73.3%；每季度参加农民合作社活动的有 2 户，占被调查户的有效百分比为 13.3%;参加农民合作社活动频率为一年或以上的有 2 户,占被调查户的有效百分比为 13.3%。

表 3-3 参加农民合作社频率

单位:户,%

项目		频率	百分比	有效百分比	累积百分比
有效	每月	11	13.9	73.3	73.3
	每季度	2	2.5	13.3	86.7
	一年或以上	2	2.5	13.3	100.0
	合计	15	19.0	100.0	
缺失	系统	64	81.0		
合计		79	100.0		

二 家庭参与其他组织

1. 本村或临近村有没有文化娱乐或兴趣组织

对"本村或临近村有没有文化娱乐或兴趣组织"的调查统计显示,在被调查的 79 户农户中,本村或临近村有文化娱乐或兴趣组织的有 26 户,占被调查户的 32.9%;本村或临近村没有文化娱乐或兴趣组织的有 12 户,占被调查户的 15.2%;不清楚本村或临近村是否有文化娱乐或兴趣组织的有 41 户,占被调查户的 51.9%。

表 3-4 "本村或临近村有没有文化娱乐或兴趣组织"调查统计结果

单位:户,%

项目		频率	百分比	有效百分比	累积百分比
有效	有	26	32.9	32.9	32.9
	无	12	15.2	15.2	48.1
	不清楚	41	51.9	51.9	100.0
	合计	79	100.0	100.0	

2."自家是否参加文化娱乐或兴趣组织"调查统计结果

有 26 个农户回答了这个问题,参加文化娱乐或兴趣组织的有 20 户,占被调查户的有效百分比为 76.9%;没有参加文化娱乐或兴趣组织的有 6 户,占被调查户的有效百分比为 23.1%。

表 3-5　自家是否参加文化娱乐或兴趣组织

单位:户,%

项目		频率	百分比	有效百分比	累积百分比
有效	是	20	25.3	76.9	76.9
	否	6	7.6	23.1	100.0
	合计	26	32.9	100.0	
缺失	系统	53	67.1		
合计		79	100.0		

3.多长时间参加一次文化娱乐或兴趣组织活动

实际有 15 个农户对这个问题有回应。自家每月参加一次文化娱乐或兴趣组织活动的有 3 户,占被调查户的有效百分比为 20%;自家每季度参加一次文化娱乐或兴趣组织活动的有 2 户,占被调查户的有效百分比为 13.3%;自家一年或以上参加一次文化娱乐或兴趣组织活动的有 10 户,占被调查户的有效百分比为 66.7%。

表 3-6　参加文化娱乐或兴趣组织活动频率

单位:户,%

项目		频率	百分比	有效百分比	累积百分比
有效	每月	3	3.8	20.0	20.0
	每季度	2	2.5	13.3	33.3
	一年或以上	10	12.7	66.7	100.0
	合计	15	19.0	100.0	
缺失	系统	64	81.0		
合计		79	100.0		

三 婚姻状况

1. 是否已婚

对是否已婚的调查统计显示,在被调查的 79 户农户中,被调查户已婚的有 72 户,占被调查户的 91.1%;被调查户未婚的有 1 户,占被调查户的 1.3%;被调查户丧偶的有 6 户,占被调查户的 7.6%。

表 3-7 婚姻状况

单位:户,%

项目		频率	百分比	有效百分比	累积百分比
有效	已婚	72	91.1	91.1	91.1
	未婚	1	1.3	1.3	92.4
	丧偶	6	7.6	7.6	100.0
	合计	79	100.0	100.0	

2. 2016 年与爱人不在一起的时间

在被调查的 79 户农户中,对"去年与爱人不在一起的时间"的调查统计,数据缺失 7 份,实际调查数据为 72 份。与爱人都在一起的有 64 户,占被调查户的有效百分比为 88.9%;与爱人超过 120 天不在一起的有 8 户,占被调查户的有效百分比为 11.1%。

表 3-8 "去年与爱人不在一起的时间"调查统计结果

单位:户,%

项目		频率	百分比	有效百分比	累积百分比
有效	0.00	64	81.0	88.9	88.9
	120.00	1	1.3	1.4	90.3
	180.00	2	2.5	2.8	93.1
	260.00	1	1.3	1.4	94.4

续表

项目		频率	百分比	有效百分比	累积百分比
有效	300.00	1	1.3	1.4	95.8
	360.00	1	1.3	1.4	97.2
	365.00	2	2.5	2.8	100.0
	合计	72	91.1	100.0	
缺失	系统	7	8.9		
合计		79	100.0		

3. 不在一起时，夫妻联系频率

在被调查的79户农户中，对"不在一起时，夫妻联系频率"（包括打电话、网聊、发短信或微信）的调查统计，数据缺失10份，实际调查数据为69份。夫妻不在一起时，每天联系的有5户，占被调查户的有效百分比为7.2%；夫妻不在一起时，每周至少一次联系的有4户，占被调查户的有效百分比为5.8%；不适用的有60户，占被调查户的有效百分比为87.0%。

表3-9　不在一起时，夫妻联系频率

单位：户，%

项目		频率	百分比	有效百分比	累积百分比
有效	每天	5	6.3	7.2	7.2
	每周至少一次	4	5.1	5.8	13.0
	不适用	60	75.9	87.0	100.0
	合计	69	87.3	100.0	
缺失	系统	10	12.7		
合计		79	100.0		

4. 夫妻信任程度

在被调查的79户农户中，对夫妻信任程度的调查统计，数据缺失7份，实际有效调查数据为72份。被调查户夫妻间非常信任的有52户，占被调查户的有效百分比为 72.2%；被调查户夫妻间比较信任的有 15 户，占被调查户的有效百分比为 20.8%；被调查户夫妻间一般信任的有 2 户，占被调查户的有效百分比为 2.8%；被调查户夫妻间很不信任的有 3 户，占被调查户的有效百分比为 4.2%。

表 3-10 夫妻信任程度打分

单位：户，%

项目		频率	百分比	有效百分比	累积百分比
有效	非常信任	52	65.8	72.2	72.2
	比较信任	15	19.0	20.8	93.1
	一般信任	2	2.5	2.8	95.8
	很不信任	3	3.8	4.2	100.0
	合计	72	91.1	100.0	
缺失	系统	7	8.9		
合计		79	100.0		

5. 夫妻间遇到大事商量吗

在被调查的 79 户农户中，对"夫妻间遇到大事商量吗"的调查统计，数据缺失 7 份，实际有效调查数据为 72 份。被调查户夫妻间遇到大事都会商量的有 63 户，占被调查户的有效百分比为 87.5%；被调查户夫妻间遇到大事很少商量的有 3 户，占被调查户的有效百分比为 4.2%；被调查户夫妻间遇到大事不商量的有 6 户，占被调查户的有效百分比为 8.3%。

表 3-11 "夫妻间遇到大事商量吗"调查统计结果

单位：户，%

项目		频率	百分比	有效百分比	累积百分比
有效	都会商量	63	79.7	87.5	87.5
	很少	3	3.8	4.2	91.7
	不商量	6	7.6	8.3	100.0

续表

项目		频率	百分比	有效百分比	累积百分比
有效	合计	72	91.1	100.0	
缺失	系统	7	8.9		
合计		79	100.0		

6. 婚姻满意程度

在被调查的79户农户中，对婚姻满意程度的调查统计，数据缺失4份，实际调查数据为75份。被调查户对婚姻状况非常满意的有42户，占被调查户的有效百分比为56.0%；被调查户对婚姻状况比较满意的有21户，占被调查户的有效百分比为28.0%；被调查户对婚姻状况一般满意的有4户，占被调查户的有效百分比为5.3%；被调查户对婚姻状况不太满意的有2户，占被调查户的有效百分比为2.7%；被调查户对婚姻状况很不满意的有4户，占被调查户的有效百分比为5.3%；被调查户对婚姻状况无所谓的有2户，占被调查户的有效百分比为2.7%。

表3-12　婚姻满意程度

单位：户，%

满意程度		频率	百分比	有效百分比	累积百分比
有效	非常满意	42	53.2	56.0	56.0
	比较满意	21	26.6	28.0	84.0
	一般满意	4	5.1	5.3	89.3
	不太满意	2	2.5	2.7	92.0
	很不满意	4	5.1	5.3	97.3
	无所谓	2	2.5	2.7	100.0
	合计	75	94.9	100.0	
缺失	系统	4	5.1		
合计		79	100.0		

四 家人联系状况

1. 与父母的联系频率

在被调查的79户农户中，对与父母的联系频率的统计，数据缺失11份，实际调查数据为68份。被调查户与不住在一起的父母每天联系的有7户，占被调查户的有效百分比为10.3%；被调查户与不住在一起的父母每周至少联系一次的有4户，占被调查户的有效百分比为5.9%；被调查户与父母住在一起的有2户，占被调查户的有效百分比为2.9%；不适用的有55户，占被调查户的有效百分比为80.9%（见表3-13）。

表3-13 与父母的联系频率

单位：户，%

联系频率		频率	百分比	有效百分比	累积百分比
有效	每天	7	8.9	10.3	10.3
	每周至少一次	4	5.1	5.9	16.2
	住在一起	2	2.5	2.9	19.1
	不适用	55	69.6	80.9	100.0
	合计	68	86.1	100.0	
缺失	系统	11	13.9		
合计		79	100.0		

2. 与子女的联系频率

在被调查的79户农户中，对与子女的联系频率的统计，数据缺失6份，实际调查数据为73份。被调查户与不住在一起的子女每天联系的有11户，占被调查户的有效百分比为15.1%；被调查户与不住在一起的子女每周至少联系一次的有18户，占被调查户的有效百分比为24.7%；

被调查户与不住在一起的子女每月至少联系一次的有 11 户,占被调查户的有效百分比为 15.1%;被调查户与不住在一起的子女没事不联系的有 3 户,占被调查户的有效百分比为 4.1%;被调查户与子女住在一起的有 28 户,占被调查户的有效百分比为 38.4%;不适用的有 2 户,占被调查户的有效百分比为 2.7%。

表 3-14　与子女的联系频率

单位:户,%

	联系频率	频率	百分比	有效百分比	累积百分比
有效	每天	11	13.9	15.1	15.1
	每周至少一次	18	22.8	24.7	39.7
	每月至少一次	11	13.9	15.1	54.8
	没事不联系	3	3.8	4.1	58.9
	住在一起	28	35.4	38.4	97.3
	不适用	2	2.5	2.7	100.0
	合计	73	92.4	100.0	
缺失	系统	6	7.6		
合计		79	100.0		

五　临时有事时的联系状况

在"临时有事时,一般找谁帮忙"问卷调查中,设置了 3 个选项,按照最先找谁帮忙、其次找谁帮忙、再者找谁帮忙的顺序,调查统计如下。

1. 临时有事时，最先找谁帮忙

对"临时有事时，最先找谁帮忙"的调查统计显示，在被调查的79户农户中，被调查户找直系亲属帮忙的有58户，占被调查户的73.4%；被调查户找其他亲戚帮忙的有12户，占被调查户的15.2%；被调查户找邻居或老乡帮忙的有7户，占被调查户的8.9%；被调查户找朋友或同学帮忙的有2户，占被调查户的2.5%。

表3-15 "临时有事时，最先找谁帮忙"调查统计结果

单位：户，%

	项目	频率	百分比	有效百分比	累积百分比
有效	直系亲属	58	73.4	73.4	73.4
	其他亲戚	12	15.2	15.2	88.6
	邻居或老乡	7	8.9	8.9	97.5
	朋友或同学	2	2.5	2.5	100.0
	合计	79	100.0	100.0	

2. 临时有事时，其次找谁帮忙

对"临时有事时，其次找谁帮忙"的调查统计显示，在被调查的79户农户中，没有应答的有28份，实际调查数据为51份，被调查户找直系亲属帮忙的有3户，占被调查户的有效百分比为5.9%；被调查户找其他亲戚帮忙的有28户，占被调查户的有效百分比为54.9%；被调查户找邻居或老乡帮忙的有11户，占被调查户的有效百分比为21.6%；被调查户找朋友或同学帮忙的有8户，占被调查户的有效百分比为15.7%；被调查户找同事或同行帮忙的有1户，占被调查户的有效百分比为2.0%。

表3-16 "临时有事时,其次找谁帮忙"调查统计结果

单位:户,%

项目		频率	百分比	有效百分比	累积百分比
有效	直系亲属	3	3.8	5.9	5.9
	其他亲戚	28	35.4	54.9	60.8
	邻居或老乡	11	13.9	21.6	82.4
	朋友或同学	8	10.1	15.7	98.0
	同事或同行	1	1.3	2.0	100.0
	合计	51	64.6	100.0	
缺失	系统	28	35.4		
合计		79	100.0		

3. 临时有事时,再者找谁帮忙

回答这个问题的24个农户中,找邻居或老乡帮忙的有19户,占被调查户的有效百分比为79.2%;被调查户找村干部帮忙的有3户,占被调查户的有效百分比为12.5%;被调查户找朋友或同学帮忙的有2户,占被调查户的有效百分比为8.3%。

表3-17 "临时有事时,再者找谁帮忙"调查统计结果

单位:户,%

项目		频率	百分比	有效百分比	累积百分比
有效	邻居或老乡	19	24.1	79.2	79.2
	村干部	3	3.8	12.5	91.7
	朋友或同学	2	2.5	8.3	100.0
	合计	24	30.4	100.0	
缺失	系统	55	69.6		
合计		79	100.0		

从统计结果可以看出,被调查户临时有事时,最先找直系亲属帮忙,其次找其他亲戚帮忙,再者找邻居或老乡帮忙。亲缘关系仍然是荊村农户最重要联系纽带。

六 急用钱时向谁借

在"急用钱时向谁借"问卷调查中,设置了3个选项,按照最先找谁借、其次找谁借、再者找谁借的顺序,统计如下所示。

1. 急用钱时,最先找谁借

对"急用钱时,最先找谁借"的调查统计显示,在被调查的79户农户中,被调查户找直系亲属借的有54户,占被调查户的68.4%;被调查户找其他亲戚借的有15户,占被调查户的19.0%;被调查户找邻居或老乡借的有6户,占被调查户的7.6%;被调查户找朋友或同学借的有3户,占被调查户的3.8%。

表3-18 "急用钱时,最先找谁借"调查统计结果

单位:户,%

	项目	频率	百分比	有效百分比	累积百分比
有效	直系亲属	54	68.4	68.4	68.4
	其他亲戚	15	19.0	19.0	87.3
	邻居或老乡	6	7.6	7.6	94.9
	朋友或同学	3	3.8	3.8	98.7
	其他	1	1.3	1.3	100.0
	合计	79	100.0	100.0	

2. 急用钱时,其次找谁借

在被调查的79户农户中,对"急用钱时,其次找谁借"的调查统计,实际应答农户为47户。被调查户找直系亲属借的有5户,占被调查户的有效百分比为10.6%;被调查户找其他亲戚借的有20户,占被调查户的有效百分比为42.6%;被调查户找邻居或老乡借的有11户,占被

调查户的有效百分比为 23.4%；被调查户找村干部借的有 1 户，占被调查户的有效百分比为 2.1%；被调查户找朋友或同学借的有 10 户，占被调查户的有效百分比为 21.3%。

表 3-19 "急用钱时，其次找谁借"调查统计结果

单位：户，%

项目		频率	百分比	有效百分比	累积百分比
有效	直系亲属	5	6.3	10.6	10.6
	其他亲戚	20	25.3	42.6	53.2
	邻居或老乡	11	13.9	23.4	76.6
	村干部	1	1.3	2.1	78.7
	朋友或同学	10	12.7	21.3	100.0
	合计	47	59.5	100.0	
缺失	系统	32	40.5		
合计		79	100.0		

3. 急用钱时，再者找谁借

11 户回答这个问题的农户中，找邻居或老乡借的有 9 户，占被调查户的有效百分比为 81.8%；被调查户找朋友或同学借的有 1 户，占被调查户的有效百分比为 9.1%；被调查户通过其他方式借的有 1 户，占被调查户的有效百分比为 9.1%。

表 3-20 "急用钱时，再者找谁借"调查统计结果

单位：户，%

项目		频率	百分比	有效百分比	累积百分比
有效	邻居或老乡	9	11.4	81.8	81.8
	朋友或同学	1	1.3	9.1	90.9
	其他	1	1.3	9.1	100.0
	合计	11	13.9	100.0	
缺失	系统	68	86.1		
合计		79	100.0		

从统计结果可以看出,被调查户急用钱时,最先找直系亲属借,其次找其他亲戚借,再者找邻居或老乡借。

七 亲戚中是否有干部

1. 亲戚中是否有村干部

在被调查的 79 户农户中,对"亲戚中是否有村干部"的调查,实际调查数据为 77 份。亲戚中无村干部的有 64 户,占被调查户的有效百分比为 83.1%;亲戚中有村干部的有 13 户,占被调查户的有效百分比为 16.9%。

表 3-21 "亲戚中是否有村干部"调查统计结果

单位:户,%

项目		频率	百分比	有效百分比	累积百分比
有效	无	64	81.0	83.1	83.1
	有	13	16.5	16.9	100.0
	合计	77	97.5	100.0	
缺失	系统	2	2.5		
合计		79	100.0		

2. 亲戚中是否有乡镇干部

在被调查的 79 户农户中,对"亲戚中是否有乡镇干部"的调查,实际调查数据为 77 份。亲戚中无乡镇干部的有 73 户,占被调查户的有效百分比为 94.8%;亲戚中有乡镇干部的有 4 户,占被调查户的有效百分比为 5.2%。

表 3-22 "亲戚中是否有乡镇干部"调查统计结果

单位：户，%

项目		频率	百分比	有效百分比	累积百分比
有效	无	73	92.4	94.8	94.8
	有	4	5.1	5.2	100.0
	合计	77	97.5	100.0	
缺失	系统	2	2.5		
合计		79	100.0		

3. 亲戚中是否有县干部

在被调查的 79 户农户中，对"亲戚中是否有县干部"的调查，实际调查数据为 77 份。亲戚中无县干部的有 75 户，占被调查户的有效百分比为 97.4%；亲戚中有县干部的有 2 户，占被调查户的有效百分比为 2.6%。

表 3-23 "亲戚中是否有县干部"调查结果统计

单位：户，%

项目		频率	百分比	有效百分比	累积百分比
有效	无	75	94.9	97.4	97.4
	有	2	2.5	2.6	100.0
	合计	77	97.5	100.0	
缺失	系统	2	2.5		
合计		79	100.0		

4. 亲戚中是否有县以上干部

在被调查的 79 户农户中，对"亲戚中是否有县以上干部"的调查，实际调查数据为 77 份。亲戚中无县以上干部的有 74 户，占被调查户的有效百分比为 96.1%；亲戚中有县以上干部的有 3 户，占被调查户的有效百分比为 3.9%。

表 3-24 "亲戚中是否有县以上干部"调查结果统计

单位：户，%

项目		频率	百分比	有效百分比	累积百分比
有效	无	74	93.7	96.1	96.1
	有	3	3.8	3.9	100.0
	合计	77	97.5	100.0	
缺失	系统	2	2.5		
合计		79	100.0		

第二节 政治参与

全村有 21 个党小组，有中共党员 210 人，其中年龄在 50 岁以上的党员有 86 人，文化程度在高中以上的党员有 34 人。全村有党员代表 14 人，村民代表 69 人，没有村支部支委会和村民委员会，村"两委"分别有成员 7 人，交叉任职有 4 人，在村"两委"中有村民代表 5 人。

村内设有监督小组和理财小组，村务监督小组有委员会成员 3 人，均为村民代表，其中 2 人属于村"两委"成员；理财小组有 5 人，其中村民代表有 4 人，村"两委"成员有 2 人。

针对被调查户的政治参与状况，主要从被调查户家里党员状况、参与会议及投票情况等方面进行分析。

一 党员

1. 是不是党员

在被调查的 79 户农户中,对"是不是党员"的调查统计显示,被调查户中是党员的有 10 户,占被调查户的 12.7%;被调查户中不是党员的有 69 户,占被调查户的 87.3%。

表 3-25 "是不是党员"调查统计结果

单位:户,%

项目		频率	百分比	有效百分比	累积百分比
有效	是	10	12.7	12.7	12.7
	否	69	87.3	87.3	100.0
	合计	79	100.0	100.0	

2. 家里有几名党员

在被调查的 79 户农户中,对"家里有几名党员"的调查统计显示,被调查户家里无党员的有 59 户,占被调查户的 74.7%;被调查户家里有 1 名党员的有 16 户,占被调查户的 20.3%;被调查户家里有 2 名党员的有 3 户,占被调查户的 3.8%;被调查户家里有 3 名党员的有 1 户,占被调查户的 1.3%。

表 3-26 "家里有几名党员"调查统计结果

单位:户,%

项目		频率	百分比	有效百分比	累积百分比
有效	0	59	74.7	74.7	74.7
	1	16	20.3	20.3	94.9
	2	3	3.8	3.8	98.7
	3	1	1.3	1.3	100.0
	合计	79	100.0	100.0	

二 参与会议及投票情况

1. 你或者家人是否参加了最近一次村委会投票

在被调查的 79 户农户中,对"你或者家人是否参加了最近一次村委会投票"的调查统计显示,被调查户家里都参加最近一次村委会投票的有 38 户,占被调查户的 48.1%;被调查户家里仅自己参加最近一次村委会投票的有 19 户,占被调查户的 24.1%;被调查户家里别人参加了最近一次村委会投票的有 4 户,占被调查户的 5.1%;被调查户家里都没参加最近一次村委会投票的有 10 户,占被调查户的 12.7%;被调查户家里不知道最近一次村委会投票的有 8 户,占被调查户的 10.1%。

表 3-27 "你或者家人是否参加了最近一次村委会投票"调查统计结果

单位:户,%

	项目	频率	百分比	有效百分比	累积百分比
有效	都参加	38	48.1	48.1	48.1
	仅自己参加	19	24.1	24.1	72.2
	别人参加	4	5.1	5.1	77.2
	都没参加	10	12.7	12.7	89.9
	不知道	8	10.1	10.1	100.0
	合计	79	100.0	100.0	

2. 你或者家人去年①是否参加了村委会召开的会议

在被调查的 79 户农户中,对"你或者家人去年是否参加了村委会召开的会议"的调查统计显示,被调查户家

---

① "去年"指 2016 年,下同。

里都参加了去年村委会召开会议的有 33 户，占被调查户的 41.8%；被调查户家里仅自己参加去年村委会召开会议的有 22 户，占被调查户的 27.8%；被调查户家里别人参加去年村委会召开会议的有 6 户，占被调查户的 7.6%；被调查户家里都没参加去年村委会召开会议的有 10 户，占被调查户的 12.7%；被调查户家里不知道去年村委会召开会议的有 8 户，占被调查户的 10.1%。

表 3-28 "你或者家人去年是否参加了村委会召开的会议"调查结果统计

单位：户，%

	项目	频率	百分比	有效百分比	累积百分比
有效	都参加	33	41.8	41.8	41.8
	仅自己参加	22	27.8	27.8	69.6
	别人参加	6	7.6	7.6	77.2
	都没参加	10	12.7	12.7	89.9
	不知道	8	10.1	10.1	100.0
	合计	79	100.0	100.0	

3. 你或者家人去年是否参加了村民小组召开的会议

在被调查的 79 户农户中，对"你或者家人去年是否参加了村民小组召开的会议"的调查统计显示，被调查户家里都参加了去年村民小组召开会议的有 36 户，占被调查户的 45.6%；被调查户家里仅自己参加去年村民小组召开会议的有 22 户，占被调查户的 27.8%；被调查户家里别人参加去年村民小组召开会议的有 5 户，占被调查户的 6.3%；被调查户家里都没参加去年村民小组召开会议的有 8 户，占被调查户的 10.1%；被调查户家里不知道去年村民小组召开会议的有 8 户，占被调查户的 10.1%。

表3-29 "你或者家人去年是否参加了村民小组召开的会议"调查统计结果

单位：户，%

	项目	频率	百分比	有效百分比	累积百分比
有效	都参加	36	45.6	45.6	45.6
	仅自己参加	22	27.8	27.8	73.4
	别人参加	5	6.3	6.3	79.7
	都没参加	8	10.1	10.1	89.9
	不知道	8	10.1	10.1	100.0
	合计	79	100.0	100.0	

4. 你或者家人是否参加了最近一次乡镇人大代表投票

在被调查的79户农户中，对"你或者家人是否参加了最近一次乡镇人大代表投票"的调查统计显示，被调查户家里都参加了最近一次乡镇人大代表投票的有26户，占被调查户的32.9%；被调查户家里仅自己参加了最近一次乡镇人大代表投票的有21户，占被调查户的26.6%；被调查户家里别人参加了最近一次乡镇人大代表投票的有7户，占被调查户的8.9%；被调查户家里都没参加最近一次乡镇人大代表投票的有15户，占被调查户的19.0%；被调查户家里不知道最近一次乡镇人大代表投票的有10户，占被调查户的12.7%。

表3-30 "你或者家人是否参加了最近一次乡镇人大代表投票"调查统计结果

单位：户，%

	项目	频率	百分比	有效百分比	累积百分比
有效	都参加	26	32.9	32.9	32.9
	仅自己参加	21	26.6	26.6	59.5
	别人参加	7	8.9	8.9	68.4
	都没参加	15	19.0	19.0	87.3
	不知道	10	12.7	12.7	100.0
	合计	79	100.0	100.0	

第三节 社区安全

一 你家在安全方面是否采取了防护措施

79户农户中，无措施的有34户，占被调查户的43.0%；有措施的有45户，占被调查户的57.0%。

表3-31 "你家在安全方面是否采取了防护措施"调查统计结果

单位：户，%

项目		频率	百分比	有效百分比	累积百分比
有效	否	34	43.0	43.0	43.0
	是	45	57.0	57.0	100.0
	合计	79	100.0	100.0	

二 你家在安全方面采取了哪些具体防护措施——安防盗门

在被调查的79户农户中，对采取安防盗门安全防护措施的统计显示，没有安防盗门的有66户，占被调查户的83.5%；安防盗门的有13户，占被调查户的16.5%。

表3-32 "你家是否安防盗门"调查统计结果

单位：户，%

项目		频率	百分比	有效百分比	累积百分比
有效	否	66	83.5	83.5	83.5
	是	13	16.5	16.5	100.0
	合计	79	100.0	100.0	

三 你家在安全方面采取了哪些具体防护措施——养狗

在被调查的 79 户农户中,对采取养狗的安全防护措施的统计显示,被调查户没有养狗的有 49 户,占被调查户的 62.0%;被调查户养狗的有 30 户,占被调查户的 38.0%。

表 3-33 "你家是否养狗"调查统计结果

单位:户,%

项目		频率	百分比	有效百分比	累积百分比
有效	否	49	62.0	62.0	62.0
	是	30	38.0	38.0	100.0
	合计	79	100.0	100.0	

四 在你居住的地方,天黑以后一个人走路,你觉得安全吗

在被调查的 79 户农户中,对"在你居住的地方,天黑以后一个人走路,你觉得安全吗"的统计,实际调查数据为 77 份。认为非常安全的有 52 户,占被调查户的有效百分比为 67.5%;认为比较安全的有 20 户,占被调查户的有效百分比为 26.0%;认为有点不安全的有 3 户,占被调查户的有效百分比为 3.9%;不一个人走夜路的有 1 户,占被调查户的有效百分比为 1.3%;说不清是否安全的有 1 户,占被调查户的有效百分比为 1.3%。

表 3-34 "在你居住的地方，天黑以后一个人走路，你觉得安全吗"
调查统计结果

单位：户，%

	项目	频率	百分比	有效百分比	累积百分比
有效	非常安全	52	65.8	67.5	67.5
	比较安全	20	25.3	26.0	93.5
	有点不安全	3	3.8	3.9	97.4
	不一个人走夜路	1	1.3	1.3	98.7
	说不清	1	1.3	1.3	100.0
	合计	77	97.5	100.0	
缺失	系统	2	2.5		
合计		79	100.0		

第四节 基本生活保障

一 2016年你家有没有挨饿的情况

在被调查的 79 户农户中，2016 年均没有挨饿的情况，占被调查户的 100%。

表 3-35 "2016年你家有没有挨饿的情况"调查统计结果

单位：户，%

	项目	频率	百分比	有效百分比	累积百分比
有效	没有	79	100.0	100.0	100.0

二 你将来养老主要靠什么

"你将来养老主要靠什么"问卷调查，主要涉及靠子女、个人积蓄、养老金、个人劳动等方面。

在被调查的 79 户农户中，对将来养老是否靠子女的统计显示，被调查户中不靠子女的有 38 户，占被调查户的 48.1%；靠子女的有 41 户，占被调查户的 51.9%。

表 3-36 "你将来养老主要靠什么——子女"调查统计结果

单位：户，%

项目		频率	百分比	有效百分比	累积百分比
有效	否	38	48.1	48.1	48.1
	是	41	51.9	51.9	100.0
	合计	79	100.0	100.0	

在被调查的 79 户农户中，对将来养老是否靠个人积蓄的统计显示，被调查户中不靠个人积蓄的有 73 户，占被调查户的 92.4%；靠个人积蓄的有 6 户，占被调查户的 7.6%。

表 3-37 "你将来养老主要靠什么——个人积蓄"调查统计结果

单位：户，%

项目		频率	百分比	有效百分比	累积百分比
有效	否	73	92.4	92.4	92.4
	是	6	7.6	7.6	100.0
	合计	79	100.0	100.0	

在被调查的 79 户农户中，对将来养老是否靠养老金的统计显示，被调查户中不靠养老金的有 64 户，占被调查户的 81.0%；靠养老金的有 15 户，占被调查户的 19.0%。

表 3-38 "你将来养老主要靠什么——养老金"调查统计结果

单位：户，%

项目		频率	百分比	有效百分比	累积百分比
有效	否	64	81.0	81.0	81.0
	是	15	19.0	19.0	100.0
	合计	79	100.0	100.0	

在被调查的79户农户中,对将来养老是否靠个人劳动的统计显示,被调查户不靠个人劳动的有53户,占被调查户的67.1%;靠个人劳动的有26户,占被调查户的32.9%。

表3-39 "你将来养老主要靠什么——个人劳动"调查统计结果

单位:户,%

项目		频率	百分比	有效百分比	累积百分比
有效	否	53	67.1	67.1	67.1
	是	26	32.9	32.9	100.0
	合计	79	100.0	100.0	

在被调查的79户农户中,对将来养老靠什么是否说不清的统计,被调查户说不清的有67户,占被调查户的84.8%。

表3-40 "你将来养老主要靠什么——说不清"调查统计结果

单位:户,%

项目		频率	百分比	有效百分比	累积百分比
有效	是	67	84.8	84.8	84.8
	否	12	15.2	15.2	100.0
	合计	79	100.0	100.0	

三 你觉得自己的养老有保障吗

在被调查的79户农户中,对"你觉得自己的养老有保障吗"的统计,实际调查数据为77份。认为有保障的有42户,占被调查户的有效百分比为54.5%;认为没有保障的有5户,占被调查户的有效百分比为6.5%;说不清是否有保障的有30户,占被调查户的有效百分比为39.0%。

表3-41 "你觉得自己的养老有保障吗"调查统计结果

单位：户，%

项目		频率	百分比	有效百分比	累积百分比
有效	有	42	53.2	54.5	54.5
	没有	5	6.3	6.5	61.0
	说不清	30	38.0	39.0	100.0
	合计	77	97.5	100.0	
缺失	系统	2	2.5		
合计		79	100.0		

四 医疗保险情况

1. 新型农村合作医疗保险

新型农村合作医疗保险增强贫困居民的抗风险能力，在看病就医时能有效减轻家庭经济负担。在被调查的331个村民中，"是否参与新型农村合作医疗保险"的调查统计，实际调查数据为329份。在调查涉及的329人中，参加新型农村合作医疗保险的有326人，占被调查者的有效百分比为99.1%；没有参加新型农村合作医疗保险的有3人，占被调查者的有效百分比为0.9%。

表3-42 参加新型农村合作医疗保险情况

单位：人，%

项目		频率	百分比	有效百分比	累积百分比
有效	否	3	0.9	0.9	0.9
	是	326	98.5	99.1	100.0
	合计	329	99.4	100.0	
缺失	系统	2	0.6		
合计		331	100.0		

2. 城镇居民医保

在被调查的331个村民中，"是否参加城镇居民医保"的调查统计显示，实际调查数据为329份。在被调查的329人中，参加城镇居民医保的有2人，占被调查者的有效百分比为0.6%；没有参加城镇居民医保的有327人，占被调查者的有效百分比为99.4%。

表3-43 参加城镇居民医保情况

单位：人，%

项目		频率	百分比	有效百分比	累积百分比
有效	否	327	98.8	99.4	99.4
	是	2	0.6	0.6	100.0
	合计	329	99.4	100.0	
缺失	系统	2	0.6		
合计		331	100.0		

3. 职工医保

在被调查的331个村民中，"是否参加职工医保"的调查统计数据缺失63份，实际调查数据为268份，缺失率为19.0%。被调查的268人均没有参加职工医保，占被调查者的有效百分比为100%。

表3-44 参加职工医保情况

单位：人，%

项目		频率	百分比	有效百分比	累积百分比
有效	否	268	81.0	100.0	100.0
缺失	系统	63	19.0		
合计		331	100.0		

4. 商业医疗保险

在被调查的331个村民中，"是否参加商业医疗保险"的调查统计，实际调查数据为329份。被调查的329人均没有参加商业医疗保险，占被调查者的有效百分比为100%。

表 3-45 参加商业医疗保险情况

单位：人，%

项目		频率	百分比	有效百分比	累积百分比
有效	否	329	99.4	100.0	100.0
缺失	系统	2	0.6		
合计		331	100.0		

五 养老保险情况

1. 城乡居民基本养老保险

在被调查的 331 个村民中，"是否参加城乡居民基本养老保险"的统计，实际调查数据为 256 份。在被调查的 256 人中，参加城乡居民基本养老保险的有 230 人，占被调查者的有效百分比为 89.8%；没有参加城乡居民基本养老保险的有 26 人，占被调查者的有效百分比为 10.2%。

表 3-46 参加城乡居民基本养老保险情况

单位：人，%

项目		频率	百分比	有效百分比	累积百分比
有效	否	26	7.9	10.2	10.2
	是	230	69.5	89.8	100.0
	合计	256	77.3	100.0	
缺失	系统	75	22.7		
合计		331	100.0		

2. 城镇职工基本养老保险

在被调查的 331 个村民中，"是否参加城镇职工基本养老保险"的统计，实际调查数据为 256 份。在被调查的 256 人中，参加城镇职工基本养老保险的有 3 人，占被调查者的有效百分比为 1.2%；没有参加城镇职工基本养老保险的有 253 人，占被调查者的有效百分比为 98.8%。

表 3-47　参加城镇职工基本养老保险情况

单位：人，%

项目		频率	百分比	有效百分比	累积百分比
有效	否	253	76.4	98.8	98.8
	是	3	0.9	1.2	100.0
	合计	256	77.3	100.0	
缺失	系统	75	22.7		
合计		331	100.0		

3. 商业养老保险

在被调查的 331 个村民中，"是否参与商业养老保险"的统计，实际调查数据为 256 份。被调查的 256 人均没有参加商业养老保险，占被调查者的有效百分比为 100%。

表 3-48　参加商业养老保险情况

单位：人，%

项目		频率	百分比	有效百分比	累积百分比
有效	否	256	77.3	100.0	100.0
缺失	系统	75	22.7		
合计		331	100.0		

4. 退休金

在被调查的 331 个村民中，"是否有退休金"的统计实际调查数据为 256 份。被调查的 256 人均没有退休金，占被调查者的有效百分比为 100%。

表 3-49　"是否有退休金"调查统计结果

单位：人，%

项目		频率	百分比	有效百分比	累积百分比
有效	否	256	77.3	100.0	100.0
缺失	系统	75	22.7		
合计		331	100.0		

第五节　村规民约及组织制度

一　村规民约

莉村村规民约经2016年8月5日村民理事会、监事会组织召开村民代表会议，审议并表决通过。主要包括以下内容。

全体村民自觉践行社会主义核心价值观，热爱祖国，热爱集体，热爱家乡，遵纪守法，倡导"五讲四美"、男女平等、邻里和睦、见义勇为、助人为乐，不打架斗殴和酗酒闹事，争做文明村民。

积极开展农村环境卫生整治，严禁垃圾随地乱倒乱堆，修盖房屋产生的建筑垃圾应及时清理，柴草、粪土应定点堆放，在村间、田间道路上堆放时间不能超过1天。自觉履行"门前三包"（包卫生、包绿化、包秩序）的义务和责任，主动做好"四清"（清杂物、清污泥、清污水、清垃圾），彻底做到净化环境、美化庭院。

村民要严格按照莉村历史文化名村核心保护区古村保护相关规定保护古村，自觉开展四旁植树，保护水源，保护河流，保护树木，保护生态环境，建设生态宜居村寨。提倡科学，移风易俗，不请神弄鬼或装神弄鬼，不搞封建迷信活动，不听、看、传淫秽书刊、音像，不参加邪教组织活动，自觉抵制毒品，远离毒品，不参与赌博，不借放高利息贷款。

倡导移风易俗，村民办理红白喜事应向村民监事会申报，经监事会批准后方可操办。喜事新办，丧事从俭，反对盲目攀比和大操大办，客席上每桌控制在13个菜以内，荤素搭配为宜，不使用高档香烟和酒水。建大门、房屋封顶，子女升学只可在直系亲属间进行适当的庆贺，给逝者竖碑或立生基要本着节约从俭原则。

各家各户应积极参加新农合、城乡居民养老保险，缴纳环境卫生费及基础设施建设"一事一议"筹资。

建房要自觉执行村庄规划，手续齐备方可动工，不得违反规划或损害四邻利益，注意家庭用电用火安全，清明节上坟或上山放牧的村民应做好森林防火工作。

家庭成员间要互重互爱，夫妻之间互敬互爱，反对家庭暴力，父母应尽抚养教育未成年子女的义务，破除生男才能传宗接代的陋习；子女应尽赡养老人的义务，不得歧视、虐待老人。

坚持"一事一议"、村民理事会、监事会审议制度。对违规违约行为严肃查处，利用村内广播进行全村点名道姓的通报，并限期整改。实行党员联户责任制，统一要求，分户落实，分户实施。

二 村民代表会议制度

村民代表由村民召开村民大会直接选举产生，任期三年，期满后重新选举。每5~10户推荐产生1名代表。

代表的基本条件：执行党的路线、方针、政策，能代表广大人民群众的根本利益，有正义感、责任心、办事公道，在村民小组和群众及家庭中有一定威信。

代表的作用：上传下达，积极宣传党的路线、方针、政策和法律、法规，把村民代表讨论通过的重大决策渗透到群众中去，把思想工作做到每家、每户、每人，促进地方建设和农村稳定，有效地加强党与人民群众的血肉联系。

代表的权利和义务：参政议政，参与村重大决策、村务公开、公益事业和决策与管理，参与村财务、资金的使用与管理。

村民代表会议制度：每季度定期召开一次村民代表会议；遇到重大事情及时召开村民代表会议；每半年召开一次总结大会，对理事会、监事会成员进行综合评比，对村务公开提出批评建议。

三　村民理事会章程

理事会的宗旨、职责。宗旨：理事会在严格参照党的方针政策、执行国家法律法规、遵循村规民约的前提下，立足受益范围内村民的实际，组织实施公益事业工作，完善农村基础设施和公共设施，推进文明建设。职责：搞好公益建设、环境卫生、护林防火工作，宣传计生工作，协助社会治安，积极扶贫帮困。

理事会成员的产生。理事会成员由村民选举产生，一般应由村组威望高、组织能力强、热心公益事业、办事公道的老干部、老党员、老教师、老退伍军人、老村民代表组成。理事会一般由3~5人组成，同时在理事会中选举理事长1名、副理事长1名，全面履行新农村建设各项具体事务和管理职责。

理事会每届任期3年，理事会任期届满，选举新一届理事会，理事会成员可连选连任，对未能认真履行职责的村民理事会成员，经村民大会表决同意予以免去成员资格。

理事会的权利和义务。在村党总支的领导下，认真贯彻落实党和国家的方针政策，切实履行村庄公共事务管理职责，建立完善和监督执行村规民约公共事务管理制度，组织、引导村民积极投入新农村建设。切实履行本村新农村建设的管理职能，逐步完善村组基础设施和公益事业设施配套，努力提升村民的生产生活质量。尊重村民权利，维护村民利益，积极引导村民做有一定致富技能、文明守法、移风易俗的新型农民，组织村民摈弃陈规陋习，弘扬文明新风，倡导健康、文明、科学的生活方式。

四 监事会章程

村监事会经村民代表大会讨论通过后成立，并制定章程。监事会是群众性民主监督组织，经村民代表大会选举产生并授权对理事会村务管理工作开展全面监督，不直接参与具体村务的决策和管理。监事会实行集体监督权，成员不得以个人名义进行监督活动。监事会实行义务制。

监事会成员由村民代表大会推选产生。监事会设主任1名、监事2名。监事会成员必须年满18周岁，遵纪守法、公道正派、关心村集体事业、责任心强，在群众中有较高威信，有一定的文化知识和议事能力。监事会任期与理事会任期相同。任期届满，要及时召开村民代表大会，推选新一届监事会，监事会成员可以连推连任。

监事会开展工作应遵守以下规则。必须在国家法律、政策规定范围内客观公正地开展监督活动，开展监督事项必须符合集体和大多数村民的利益，提出的意见和建议必须有利于党的方针政策、国家法律法规和各级党委政府的决定决议的贯彻执行，有利于理事会正确决议的实施，有利于村内的发展和稳定。审议监督议题、决定问题，要充分发扬民主，实行少数服从多数的原则，集体行使权力。每月至少召开一次会议，对具体事务的监督，可以酌情适时召集会议。会议由主任召集并主持。每半年向村民代表会议报告一次工作。会议必须有监事会成员过半数出席才能举行。表决采用不记名投票方式或举手表决方式。举行会议时，可以邀请相关人员列席会议，列席人员有发言权，无表决权。会议议题和表决意见要有书面记录，并经主任和参会成员签字，作为村级档案保存。按照工作职权和监督事项，原则上实行事前、事中、事后全过程监督。

监事会具体监督方式。①实时监督。监事会成员可采取列席相关会议、实地查看、调阅资料、个别访谈等形式，对理事会执行村民代表大会或村民大会作出的决议情况进行全程监督。②质疑质询。监事会成员对可能存在的问题或疑问,有权向理事会提出质询,理事会要实事求是地作出解释说明。③定期议事。监事会主任定期召集会议,研究确定监督事项,对监督的事项进行商议并形成意见,对存在的问题及时向理事会提出改进建议。根据工作需要监事会可随时召开会议,听取情况报告。理事会要认真听取并采纳监事会提出的意见或建议。

五 客事办理制度

大力提倡社会主义精神文明,移风易俗;反对封建迷信,反对奢侈浪费及其他不文明行为,树立良好的民风村风。成立红白理事会,管理所在村组的红白喜事。做好喜事新办,丧事从简,破除陈规旧俗,反对大操大办,反对铺张浪费。起房盖屋竖柱(封顶)、进新房、竖大门、房庆、竖墓碑只准办一次客[①],多办者不得收受礼金。小孩出生送祝米、满月、周岁只准办一次客,多办者不得收受礼金。老人办寿请客只能是60岁、70岁、80岁、90岁、100岁及以上的整十岁。自然村村民死亡时,提倡殡葬从简,厚养薄葬。不请神弄鬼,不搞封建礼仪。升学提倡不请客,只有考取一本大学才可请,吃斋、参军不请客。红、白喜事提倡从简,待客宴席不超过"十三菜一汤"。

---

① "办客"为当地俗语,为红白喜事请客做饭。

第四章

莳村精准脱贫历程

莳村是宾川县2013年23个建档立卡贫困村之一,有建档立卡贫困户186户612人,贫困发生率9.86%。莳村自精准扶贫工作开展以来积极贯彻落实各级党委政府精准扶贫精准脱贫各项政策精神,聚焦"两不愁、三保障",致力于贫困户脱贫增收。

第一节 贫困成因

随着历史上茶马古道的衰落,现代交通主干道绕道而行,由于四面环山的地形,莳村变得相对闭塞,加之常年气候冷凉,只能以种植玉米、蚕豆、稻米等传统作物为主,增收渠道单一。

一 农户主要致贫原因

在抽样调查中,农户的主要致贫原因有因病、因残、因学、因灾、缺土地、缺技术、缺劳力、缺资金、自身发展动力不足等。从被调查的贫困户样本数据分析来看,最主要的致贫原因是因残,占被调查贫困户的有效百分比为23.1%;其次是缺资金,占被调查贫困户的有效百分比为19.2%;再次是因病、缺劳力致贫,均占被调查贫困户的15.4%。

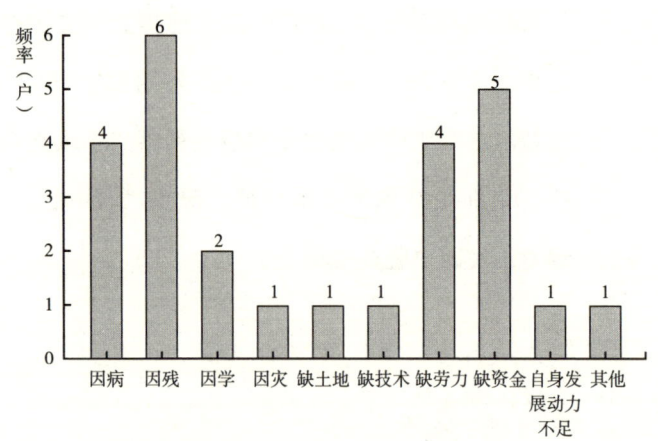

图4-1 莉村农户主要致贫原因分布

二 影响收入增长的主要因素

农村自实行家庭联产承包责任制以来,家庭成为农村最基本的社会单位。家庭既是最基本的生产单位,又是最基本的消费单位，集体组织及其功能逐步衰退，因此，家庭需要直接面对、处理和利用来自社会、经济、自然环境等方面的风险与机遇。在市场经济环境下，农村与农民参与市场的能力较弱而成本很高，其生产组织、生产关系、知识与技术等使之已经不具备保障自己权益的能力，其权益与经济收益常常在市场参与过程中被侵蚀，最终导致无法提高经济收入，陷入长期的贫困。当前影响贫困农户收入可持续增长的因素，归纳概括起来主要为以下几方面。

1. 相对贫困状态下收入增长缓慢

随着社会经济的发展，政府在反贫困方面以及农民自身不断努力。1978年以来，农村贫困人口数量逐渐减少，贫困人口收入逐年增加，农村贫困状况逐渐缓解。这种趋势一直贯穿于我国改革开放历程中，并且还将一直延续下去。这不仅表现在贫困人口数量的减少上，还表现在贫困人口贫困程度和贫困结构的变化上。统计数据资料表明，农村贫困已经从普遍存在的绝对贫困现象逐渐演变成绝对贫困与相对贫困两者并存的发展态势，也就是说农村贫困已不再是经济短缺型的生存贫困，而是表现为农民温饱问题基本解决、农民收入增长相对缓慢的相对贫困状态，这种趋向反映的是农村贫困问题的一个不同于以往的新层次。农民收入增长相对缓慢的主要原因有以下几方面。首先，单个小农户面对严峻的市场应对乏力。统购统销的农副产品流通制度在计划经济条件逐步被打破以后不复存在，农民一方面有了选择生产什么以及怎么销售的自由，另一方面微小的农户面对市场缺乏适应广阔市场的能力。其次，由于信息不对称，资源获取力量薄弱，农民一方面较难获得有利的初级产品交易价格,另一方面农民也难以涉足增值潜力较大的农产品加工和流通领域,这些原因使农民在整个产业供应链中获得的份额很小,导致农民来自农业的收入增长缓慢,甚至出现萎缩。再次,小规模的农业生产具有生产成本高、效率低的不利特点,加之农民普遍投资能力差、承担风险能力弱,新的农业生产技术难以广泛推广,导致农业劳动生产率长期低下。另外,近年来消费者对农产品多样化的需求,以及对食品质量和安全的重视也越来越需要生产者的广泛合作。

2. 贫困农民占有物质资本较少

受弱势社会地位的影响,贫困农民占有的物质资源和资本相对较少。第一,农产品的价格长期被压低,致使农村贫困程度增大。计划经济时代,国家实行工农业产品价格剪刀差政策,农民在产品价格决策中失去主动权,农村贫困者收入提升乏力。据统计,1952~1990年,国家通过工农业产品价格剪刀差政策从农村积累资金高达11594.14亿元。近年来,这一状况随着惠农政策的实施虽有所改变,但工农业产品价格比依然不合理:按投入法计算,农产品价格只有工业产品的46%,农民收入因此缩水21.2%,造成城乡收入差距持续拉大,2012年云南城乡居民收入比达到3.89:1。第二,贫困农村缺乏基础设施支撑。受历史因素的影响,农村基础设施相对缺乏,已有设施也由于维护不力而损毁严重,致使贫困农村生产经营缺乏交通、水利、用电、灌溉及通信等方面的支撑。第三,贫困农村生产经营缺乏金融支持。我国金融体系的二元结构使农村信用系统的资金大量流向城市。据统计,1990~1998年,农村外流的金融资金为3517.72亿元。

即便是有限的农村剩余资金也为强势群体所控制,农村贫困地区只能依靠有限的民间借贷获取发展资金,数量极其有限,很难满足生产经营的需求。

3.信任资本和组织社会资本不足

丰富的民间组织、宽广的社会网络、较高的信任,可以减少交易费用,促进协调合作,增进交往,增加互惠行动,促进集体行动等。信任可以减少社会资源的闲置,可以降低交易成本,降低交易的风险和不确定性,提高资源配置效率。信任作为一种资本对于经济发展有很大的影响,同理贫困农村的信任会对贫困问题的解决产生重要影响。贫困农村居民有较高的情感信任度,而有较低的契约信任度。按照信任关系建立的基础,可以将信任分为情感信任和契约信任。情感信任是指建立在社会成员情感交流基础之上的信任关系,人们对于彼此的预期主要建立在情感关系(血缘、地缘、业缘等)中。契约信任是指建立在社会成员契约关系基础之上的信任关系,人们对于彼此的预期主要建立在契约关系中。贫困家庭在日常生活中特别是在有困难时更多与血缘、朋友、姻缘等情感关系群体交往,并从中寻求必要的支持,并且信任程度随着关系的疏远而不断降低。这种情感信任可以帮助贫困农民有效地获取和利用资源来实现脱贫致富。但是较低的契约信任度不利于贫困农民利用异质性资源摆脱困境。

组织社会资本不足是契约信任度较低的另一个重要原因。农村组织社会资本不足造成契约信任较低的原因有以下几个方面。一是农村非营利组织的缺乏。非营利组织特别是志愿组织具有专业技术强和资源渠道多的优势。非营利组织凭借其资源，可建立起各种自助和互助的脱贫网络，并逐步发展出强大的互惠规范和社会信任网络。但是在农村中，非营利组织的数量很少，针对脱贫致富的组织就更少了。有的农村除了农村党组织和村委会以外，就没有其他群众组织。有的组织名存实亡，基本处于瘫痪状态，不能发挥应有的作用。非营利组织的发展落后，使农民的组织社会资本和信任资本缺乏。二是基层政权组织实力弱化，行政过程失信、缺乏公平性。财政体制改革使财权不断上移而事权不断下移。虽然担负有带领农民实现脱贫致富奔小康的职责，但是基层政权组织没有足够的财力、物力来履行这些职责，从而使脱贫致富计划落空。同时，有的基层政权干部在引导农民脱贫的过程中没有兑现对农民的承诺，有的将扶贫资源分给了与自己"关系近"的人，造成了资源和利益分配不平等，逐渐在农村中失去信用。这也是在农村中契约信任度较低的原因之一。

上述这些普遍性问题在莳村也不同程度地存在。

第二节　贫困人口的确定与调整

为了真正把需要帮扶的贫困户精准识别出来，莳村按照"六个精准"的要求，经过4轮建档立卡"回头看"和两轮全覆盖入户调查走访、信息核查、过滤、甄别，制定了"动态管理"时间表和责任细化分解目标，严格按照"五查五看""三评四定"程序规范精准识别。

一　贫困人口的确定

精准扶贫实施以来，认真落实"挂包帮"制度，严格按照"五查五看""三评四定"要求，精准识别贫困户。由贫困户提出申请，工作队员入户核实提出意见；各党支部组织党员对贫困户开展评议，提出初步建议名单；召开群众大会进行评议，针对未到会的群众，工作队员主动上门征求意见；群众评议后进行村民代表大会民主评议并形成初选名单；由挂钩领导、驻村工作队、村"三委"班子成员召开专题会议审核，对争议较大的贫困户当场入户实地查看后会议审核，及时上报镇县抽查审核后公示。2015年开展遍访工作识别确认未脱贫贫困户134户454人，2016年4月，按照规模控制、动态管理、有进则进、有退必退的原则，对贫困人口建档立卡工作再次"回头看"，提出贫困户初选名单141户454人，其中退出44户156人，新增51户156人。同时，做好建档立卡贫困户资料的归档整理工作，做到一户一卡、一村民小组一册、一村民委员会一档的档案管理，做到脱贫退出数据实时更新，动态管理。

在抽样调查中，农户总体上认为贫困户的确定是合理的，被调查户认为本村贫困户选择很合理的有13户，占被调查户的有效百分比为 26.5%;被调查户认为本村贫困户选择比较合理的有 13 户,占被调查户的有效百分比为 26.5%;被调查户认为本村贫困户选择合理性一般的有 5 户,占被调查户的有效百分比为 10.2%;被调查户认为本村贫困户选择不太合理的有 6 户,占被调查户的有效百分比为 12.2%;被调查户认为本村贫困户选择很不合理的有 3 户,占被调查户的有效百分比为 6.1%;被调查户认为本村被调查户的有效百分比为 26.5%;被调查户认为本村贫困户选择比较合理的有 13 户,占被调查户的有效百分比为 26.5%;被调查户认为本村贫困户选择合理性一般的有 5 户,占被调查户的有效百分比为 10.2%;被调查户认为本村贫困户选择不太合理的有 6 户,占被调查户的有效百分比为 12.2%;被调查户认为本村贫困户选择很不合理的有 3 户,占被调查户的有效百分比为 6.1%;被调查户认为本村贫困户选择说不清是否合理的有 9 户,占被调查户的有效百分比为 18.4%。

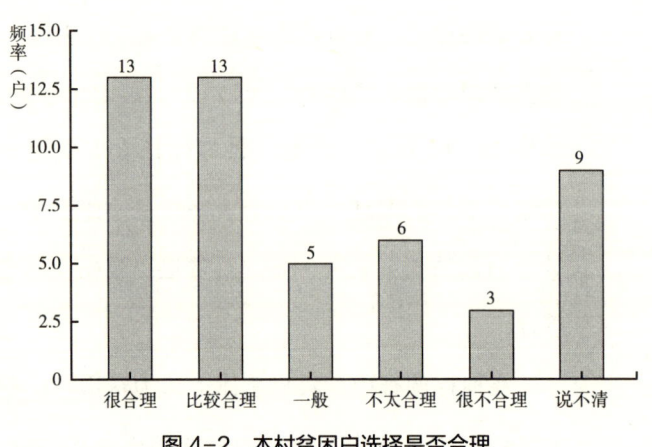

图 4-2　本村贫困户选择是否合理

二 贫困人口的调整

在抽样调查中,对被调查的6户建档立卡贫困户的"调整时,乡村干部有没有来你家"的调查统计中,肯定回答的占被调查户的100%;对"调整后的名单有没有公示"的统计中,肯定回答的占被调查户的100%;对"调整结果是否满意"的统计中,满意的占被调查户的100%;对"调整程序是否满意"的统计中,满意的占被调查户的100%。从抽样调查的数据来看,贫困农户对调整过程均知晓工作流程,并签字或盖章,调整后的名单均公示,均对调整结果满意,符合调整程序。

第三节 精准扶贫的思路与措施

按照国家关于开展脱贫攻坚工作的要求以及习近平总书记精准扶贫精准脱贫系列重要讲话精神,荷村"两委"班子成员、扶贫工作队员及挂包单位通过集中学习、自学、开展培训、外出学习等方式,学全学深学透各种精准扶贫精准脱贫相关理论知识和政策措施,为扎实开展好脱贫攻坚工作打下坚实的理论基础。同时,对村情、户情进行了全面详细的了解和掌握。走访了荷村8个自然村21个村民小组186户建档立卡贫困户。组织召开支部会18

场次、群众会 42 场次。组织制定了大营镇萂村脱贫摘帽实施方案 1 个、大营镇萂村特色产业脱贫实施方案 1 个和 12 幅精准扶贫挂图作战图。

一 精准扶贫的思路

紧紧围绕脱贫增收这一目标,通过入户走访、精准识别、创新思路方法,实施金融扶贫、产业扶贫和技术扶贫等措施,全力推进脱贫攻坚工作。推动农村基层党建与精准扶贫深度融合,实现建档立卡贫困户 2016 年全面整体脱贫。挂钩帮扶单位县纪委监察局党支部按照宾川县"双联系一共建双推进"[党政机关联系基层、党员干部联系贫困群众,机关党组织与贫困村党总支(支部)结对共建、基层党建与脱贫攻坚双推进]要求,充分发挥机关党组织的组织、信息、资源优势,提高帮扶的精准性和实效性,带领村党总支破除"等、靠、要"思想,邀请专家诊断产业发展问题、外出考察探寻脱贫路子、酝酿形成共识,萂村党总支牵头成立了宾川天子农业专业合作社,组织发动建档立卡贫困户加入合作社,在合作社成立党支部,以合作社为主体、龙头企业为带动、产业扶贫基地为抓手,整合土地、劳动力等资源,企业提供项目规划、生产技术、技能培训及营销服务,银行提供对口扶贫贷款,上海交通大学及国家葡萄产业技术体系为基地提供全方位技术支撑,打造了国家葡萄产业技术体系滇西扶贫示范基地。基地项目投资 1500 万元,全村141户建档立卡贫困户以5万元产业扶贫到户贷款入股，合作社与贫困户按照"风险共担、利益共享"原则，采用单幅连棚根域限制栽培技术，栽培200亩根域限制"阳光玫瑰"葡萄，每亩种植42株，架下发展小葱、黄豆等特色蔬菜种植，后期还计划将其打造成集观光采摘、餐饮娱乐于一体的农业观光旅游产业项目，带领耇村群众脱贫致富。

二 精准扶贫的措施

一是积极探索和推动耇村"党支部+龙头企业+贫困户"产业扶贫模式的实施及推广。通过耇村党总支牵头成立了宾川县天子农业专业合作社和宾川县天子农业专业合作社党支部，合作社隶属于耇村党总支。合作社成员由部分村组干部和141户建档立卡贫困户组成，引进了企业和国家高科技体系支撑，流转土地，打造基地，种植大棚葡萄。由合作社负责葡萄种植示范基地的日常生产管理，组织贫困户参与劳作获得劳动报酬并接受技术培训，为无劳动能力的建档立卡贫困户提供最低生活保障，并按照合作社管理办法，贫困户入股合作社享受葡萄种植收益分红。

2016年为合作社成员分配每人每年2600元的利润，共兑付贫困户分红资金118万元，支付贫困群众到葡萄基地务工工资75万元。并在200亩基地内套种了洋芋、小葱、甜瓜等经济作物，通过宾川县天子农业专业合作社电商服务平台,将农产品七彩马铃薯通过电商服务平台进行销售,积极向外推介荷村优质大棚葡萄、套种蔬菜等农产品,扎染、刺绣、剪纸、傈僳族火草布等地方传统手工艺品,通过企业订购、超市直购、电子商务等多种方式,推动网货下乡、农产品进城双向流通,为贫困群众增加经济收入。

同时,按照上级政策要求,实施了建档立卡贫困户、低保户"两线合一"政策,为118户334人贫困户提供低保兜底,为贫困户带来长期稳定的收入,实现脱贫增收。针对2014年、2015年脱贫户未享受扶贫政策帮扶的,与宾川县绿色果品开发有限责任公司建立了利益连接机制,2017年享受户均3200元的年底分红,确保扶贫政策全面覆盖建档立卡贫困户。

二是多方协调,争取产业发展项目资金。为茅草坪村争取了12万元的黑毛猪养殖经费、3万元的花桃苗款、15万元的烤烟发展项目资金,为宝丰寺争取了15万元的农家乐发展资金、10万元的青椒苗款、15万元的冬桃和红梨苗款;积极争取协调项目资金20万元,实施洪水塘抗旱应急工程,打100余米深井一口,帮助解决了洪水塘小组人畜饮水安全问题,改写了该村祖祖辈辈靠人背马驮解决人畜饮水的历史。各项产业带动工作的推进实施为贫困户脱贫增收打下坚实基础。

三是协同推进,教育、医疗、住房全面保障。目前荷村适龄学童义务教育入学率达到100%;新型农村合作医疗保险、养老保险参保率达到100%。义务教育、基本医疗得到全面保障。为保障住房条件，用好千户新建、万户危改、易地搬迁等精准建房扶贫政策。认真组织实施特困户住新房43户，每户补助财政资金6.81万元，已全部完工，向每户发放生活必需品购置费2000元；插花型易地扶贫搬迁95户，每户补助财政资金6万元，现已全面完工，向每户发放生活必需品购置费1500元；实施茅草坪村整村易地扶贫搬迁52户，财政补助建档立卡贫困户6万元/户，非建档立卡贫困户1.5万元/户，现已全部完工；实施宝丰村扶贫安居工程59户，财政补助建档立卡贫困户6万元/户、非建档立卡贫困户1.5万元/户，整合整村推进资金50万元，地质灾害资金每户给予1万元的建房补助，现已全部完工。各项安居房建设工程全面覆盖耝村建档立卡贫困户。挂包单位、镇村挂钩领导、扶贫工作队、村委会干部多次开展入户走访、核查工作，确保安居房建设用料良好、质量过关。进行相关记录，收集资料，拍摄照片，建立安居房建设进度台账，实时掌握工程进展。督促落实房屋建设人畜分离、厨卫入户标准，以及插花型易地搬迁房屋建筑面积不超120平方米的硬性指标。通过一系列措施，全面保障安居房建设顺利开展，确保所有建房贫困户能顺利安家入住。

四是发挥挂包部门作用，真情帮扶见成效。宾川县纪委监察委充分发挥挂包部门作用，与大营镇党委政府认真落实好耝村各项脱贫攻坚政策，紧紧围绕整村脱贫出列的目标任务，打造产业脱贫"党支部+龙头企业+贫困户"

模式，协调宾川县天子农业专业合作社葡萄基地贷款1700多万元。组织实施茅草坪易地扶贫搬迁项目，概算总投资1672.21万元，启动实施了进村主干道路、景观库塘建设、村内道路、村庄绿化等工程项目。组织实施宝丰寺易地扶贫搬迁项目，概算总投资2719.034万元。启动实施了村内主干道路、支路及排水沟渠建设等工程项目。完成耈头葡萄基地道路建设，投资200万元；争取了"一事一议财政奖补村项目"2个，投资100万元；省州重点村项目2个、州级美丽乡村项目2个，投资140万元；争取民族团结进步示范村项目2个，投资100万元。争取茅草坪村、宝丰寺村应急抗旱项目，投资1610万元，争取抗旱应急井3眼，投资100万元；帮助贫困学生3人，投入资金5万元，所有争取的项目资金已全部到位。

第四节　精准扶贫的成效

为了帮助贫困群众早日脱贫，耈村村"两委"积极投身于扶贫开发工作之中，认真开展了安居房建设、教育扶贫、健康扶贫和金融扶贫等工作，取得了非常大的成效，实现了贫困人口数量逐年递减，2016年实现了扶贫政策、项目、资金精准到户，确保了耈村剩余的141户建卡立档贫困户每户至少享受一项扶贫政策。

一 脱贫人数与政策享受情况

2014年莉村脱贫129户446人；2015年脱贫118户398人；2016年脱贫83户282人；2017年脱贫134户461人。精准扶贫实施以来莉村共脱贫464户1587人，截至2017年未脱贫136户428人。

表4-1 莉村脱贫情况

单位：户，人

年份	脱贫		未脱贫	
	户数	人数	户数	人数
2014	129	446		
2015	118	398		
2016	83	282		
2017	134	461	136	428
合计	464	1587	136	428

表4-2 莉村建档立卡贫困户享受扶贫政策情况

单位：户，人

扶贫项目	受益户数	受益人数
安居房建设	112	369
人畜饮水	141	452
产业帮扶	141	452
教育帮扶	141	452
就业培训	141	452
劳务输出	10	12
金融扶持	141	452
生态扶持	17	51
健康帮扶	141	452
财产人身组合保险	141	452

资料来源：根据宾川县2016年扶贫开发材料数据整理。

二 脱贫退出指标完成情况

按照国家"两不愁、三保障"的贫困农户脱贫标准,现莪村141户454人贫困人口,通过各项扶贫措施的落实帮扶,2016年预脱贫87户285人,剩余贫困人口54户169人,贫困发生率降至2.72%。①贫困户人均可支配收入达到3200元以上87户285人,3200元以下54户169人。②有安全稳固住房141户454人,达标率达100%。③适龄青少年就学保障100%。④家庭成员参加新型农村医疗保险141户454人,达标率达100%。⑤家庭成员参加农村养老保险141户454人,达标率达100%。⑥享受易地扶贫搬迁建房112户369人,产业带动141户454人,金融扶持141户454人,生态扶持17户51人,社会帮扶购买人身组合保险141户454人,就业培训141户454人,覆盖率达100%。

贫困村退出按照国家标准以贫困发生率低于3%为主要衡量标准,莪村经过实施各项帮扶措施,贫困发生率降低,各项基础设施条件改善。① 2016年预脱贫87户285人,剩余贫困人口54户169人,贫困发生率降至2.72%。②完成县城、乡镇到行政村道路硬化。③完成贫困村通10KV以上动力电。④广播电视覆盖率达到100%。⑤行政村通网络宽带,已接入光纤网络,覆盖行政村、学校、卫生室。⑥全村饮水有保障,饮水安全。⑦有标准化建设的农村卫生室,病床位、乡村医生配备充足,达标率达100%。⑧有完善的公共服务和活动场所。⑨适龄儿童义务教育入学率达到100%。

第五节　莅村未来建设发展计划

宾川县委、县人民政府决定用2~3年时间将莅村打造成为"四村一基地"——国家级历史文化名村、人居环境提升改造示范村、乡村旅游示范村、廉政文化示范村、扶贫产业示范基地。

（一）国家级历史文化名村

抓好古村保护，结合《莅村白族传统文化保护区保护方案》、《莅村历史文化名村保护办法》、《莅村历史文化名村保护细则》和《莅村核心保护区建房流程》等相关保护文件，加大力量，发挥莅村非物质文化遗产保护与传承协会的监督管理作用，对已建房屋严格控制风貌，严禁在莅头核心保护区新建房屋，与古村落保持一致。在核心区外规划一片宅基地用于解决核心区农户新建房屋需求问题。

（二）人居环境提升改造示范村

一方面梳理现有项目，加快落实推进；另一方面积极向上汇报，争取一批道路交通、农田水利、村庄建设、生态环保等事关莅村发展的重大项目，改善莅村基础设施条件。结合2017年"七改三清"改善人居环境重点工作，力争通过两年时间使全村人居环境和容貌秩序明显改善，打造山清水秀、环境优美、生态宜居的乡村环境。尽快完成莅村人居环境提升改造示范村总体规划和实施方案的编制,科学合理保护开发,联合各部门积极筹备项目,积极向上争取资金。

(三)乡村旅游示范村

以历史遗迹游览、民俗文化体验、传统文化(技艺)传承展示等文化旅游产品为核心特色,以产业链延伸为基本路径,带动湿地公园主题旅游、休闲农业体验产业的发展,同时延伸培育候鸟式度假旅游产业,将文化、生态、休闲、度假等多元化功能融为一体。加大协调力度,争取《𦭜村旅游扶贫试点村规划》通过省旅委评审,依托2016年𦭜村宝丰寺傈僳族风情、茅草坪白族风情旅游扶贫试点村建设,挖掘𦭜村特色饮食文化,打造集餐饮、住宿、观光旅游、农家乐于一体的乡村旅游示范村。以《大理洱海—宾川鸡足山景观文化长廊概念性规划》为基础,尽快实施𦭜村观景台、宝丰寺岔口等旅游节点项目建设,将𦭜村旅游与"苍山—洱海—鸡足山"有效连接,实现全域旅游。

(四)廉政文化示范村

加强𦭜村党风廉政建设,推进党务政务公开,设立廉政文化传播阵地,开展经常性的教育宣传活动,建立完善廉政文化制度,每年至少组织1~2项有规模的、影响力大的廉政文化活动,丰富群众业余文化生活,增强基层党组织全面从严治党的能力。在𦭜村白族聚居区,挖掘民族优秀历史文化,发扬优良家风家规,以优秀文化不断引领广大群众文明程度的提升。

（五）扶贫产业示范基地

巩固秞村产业扶贫成果。继续推广"党支部+龙头企业+贫困户"产业扶贫模式，把特色产业链与脱贫紧密结合起来，把农村基层党建、精准扶贫及秞村产业发展深度融合，发动全村141户建档立卡贫困户继续参与到200亩"阳光玫瑰"葡萄示范基地中来，做好合作社日常生产管理、土地流转、贫困户贷款入股、贫困户参与管理和利益保障兑现工作，实现"授鱼"到"授渔"的转变。

充分发挥龙头企业华侨庄园的技术、品牌和营销服务等优势，将秞村的产业扶贫基地建设成为集农业科技、旅游观光、宣传教育于一体的示范基地。积极探索基地增收途径，套种小葱、紫洋芋、人参果等经济作物，通过企业订购、食堂供应、超市直购、电子商务、与彩云优品等线上平台合作的方式，增加基地农产品的销售渠道，提高基地收入。2017年3月产出小葱64吨，销售收入达12.8万元；紫洋芋5月可上市，计划产量为90吨，产值90万元；"阳光玫瑰"葡萄第一批计划6月成熟，产量10吨，产值40万元，12月可再成熟一批。

2012年以来，秞村实施了投资300万元的一事一议"美丽乡村"项目、投资100万元的秞头村白族特色旅游村寨项目、投资330万元的传统村落项目、投资500万元的四位一体项目、投资109万元的茅草坪村进村道路、投资35万元的宝丰寺村进村环村路、投资200万元的秞村葡萄种植基地作业道路、投资442万元的宝丰寺至茅草坪村建道路、投资100万元的民族团结进步示范村项目2个、投资200万元的粮食项目、投资130万元人畜饮水项目、投资80万元的葡萄单幅连棚建设项目、投资850万元的老鹰岩宝丰寺提水项目、投资390万元的高效节水项目、投资100万元的茅草坪水塘加固等项目。

为进一步做好莿村的科学规划、合理保护开发工作，由县纪委牵头，大营镇、县住建局、县文广局配合，抽调44名工作人员组成入户调查、信息统计上报等11个工作组，于2017年2月进村入户采取实地问卷调查的形式开展了为期12天的摸底调查，进一步摸清了莿村群众基本信息、产业发展状况、房屋及古建筑情况、非物质文化遗产传承情况等现状，澄清了底数，掌握了情况，做到了"一户一册"和"一房一照"。发布了《大营镇人民政府关于做好云南省历史文化名村（莿村）保护与开发的通告》，制定了《大营镇莿村历史文化名村保护办法》《莿村历史文化名村修建房屋建房标准及办理流程》，编制了《大营镇莿村历史文化名村保护与发展规划》《宾川县大营镇莿村历史文化名村保护详细规划》，为加大大营镇莿村历史文化名村的保护与开发力度，打造好"千年白族古村、南诏帝王故里"这一历史文化遗产品牌奠定了基础。

第五章

莳村基层党建与精准扶贫双推进模式

莳村近年来虽逐渐发展葡萄、葱蒜等高效经济作物，但由于气候资源、种植技术、销售渠道等因素制约，增收不明显，贫困面仍然较大。在推进莳村脱贫摘帽工作中，县委、县政府积极探索，大胆尝试，按照"1345"的思路，创新开展了"党支部＋合作社＋庄园＋基地＋贫困户"的"五＋"葡萄产业脱贫模式，赢得了贫困群众的拥护和支持。

第一节　莳村基层党建与精准脱贫双推进的意义

2013年11月，习近平到湖南湘西考察时首次提出精准扶贫，从某种意义上讲，精准扶贫的目标之一就是加强推进基层党建来寻求破解农村治理困境，虽然全国各地有很多"党支部＋合作社"扶贫开发模式，但莿村基层党建与精准扶贫双推进的创新性探索具有其他地方不具备的重大实践意义。

第一，莿村"党支部＋龙头企业＋贫困户"产业扶贫模式是新时期农村统分结合双层经营体制下的创新与实践，为实施乡村振兴战略、发展产业提供了借鉴。莿村"党支部＋龙头企业＋贫困户"产业扶贫模式有效解决了贫困人口的产业增收难题，建立起了贫困人口产业增收致富的长效机制。同时，该模式为基层党组织建设、农业龙头企业社会化扶贫、金融机构扶贫信贷资金"放款难"、贫困户"贷款难"、农业科技服务"最后一公里"难题破解，找到了切入点、支撑点、化解点、着力点，使莿村"党支部＋X＋贫困户"产业扶贫模式有效成为龙头企业、贫困户、村级党支部、科技部门、金融机构等市场主体社会化产业扶贫的主平台，贫困户增收脱贫致富的主渠道，地方特色产业转型升级的主方式，"强弱结合、合作互补、共建共享、多方共赢"发展新理念落地、生根、发芽、壮大的"新实践"。莿村产业扶贫模式历经两年多的推广实践，在宾川县建立了以菜甸村"党组织＋合作农场＋农户"统一经营型、得底么村"党支部＋互联网＋农户"电商营销型、新庄村"党支部＋红色旅游＋农户"农旅文融合发展型、"党支部＋企业＋贫困户"劳务输出型为代表的"大众创业、万众创新"的产业扶贫新格局，全县共有3680

户贫困户参与了股金分红，户均3200元；有劳动力的建档立卡贫困户到基地务工每人每天可获得100元劳务收入。莉村产业扶贫模式的推广复制助推了宾川脱贫攻坚工作，为实施乡村振兴战略、发展产业提供了借鉴。

第二，莉村"党支部+龙头企业+贫困户"产业扶贫模式建强了基层党组织，凝聚了人心，提升了公信力。莉村"党组织+龙头企业+贫困户"产业扶贫模式在脱贫攻坚中实现了"三变一升"。一是基层组织由弱变强。党员干部精气神发生根本转变，由过去被动工作转变为主动作为，在脱贫攻坚中彰显了不可替代的政治优势和组织优势，基层党组织在群众心中的威信树立起来，说话有人听，干事有人跟。二是集体经济由无变有。村集体通过为农民专业合作社提供综合管理服务，获取10%的利润作为集体经济收入，主要用于发展村内公益事业，实现了村集体有钱办事，服务群众能力不断提高。三是贫困群众由穷变富。贫困群众参与农民专业合作社生产经营，不仅获得土地流转租金收入，而且获得股东入股分红，以及在合作社基地的劳务收入，从过去的单一种植收入转变为多渠道增收，同时在抱团发展中增强了抗风险能力，为打赢脱贫攻坚战奠定了基础。四是公共服务有效提升。莉村党总支、合作社、科技部门、金融机构和龙头企业等各类服务组织在"党组织+龙头企业+贫困户"产业扶贫模式的探索和发展中找到了各自帮扶工作的切入点、支撑点、化解点和着力点，服务农村脱贫攻坚的能力和水平得到了有效提升。

第三，莉村"党支部+龙头企业+贫困户"产业扶贫模式探索了以政府扶贫资金的投入作为一部分股权。区别于过去政府扶持龙头企业和种养殖业大户的做法,莉村的合作社将利润的10%作为莉村集体经济收入进行单独分配管理,事实上政府投入属于国有资产,可以将政府扶贫资金的投入作为一部分股权,其收益归集体所有,壮大村集体经济,改善了基层组织涣散的面貌,实现了政府对基层村社的有效治理。

第四,莉村"党支部+龙头企业+贫困户"产业扶贫模式重塑扶贫开发中的信任机制,推动了农民组织化进程。扶贫开发中的信任机制同样是扶贫开发工作顺利开展的重要力量,它主要体现在村民之间,村民与村干部、政府、企业的关系处理之上。村干部和政府对权力和资源的掌控、企业追求利益最大化、外部市场环境的不确定性让村民的参与缺乏安全感和稳定感。这种不信任导致村民之间,村民与企业之间、与村干部以及政府之间的关系变得脆弱,缺少保障。

长期以来,贫困地区的农村合作社发展存在四大短板,一是合作社自身定位不明晰,对究竟如何连接市场和农户,如何实现农户的有效联合,以及合作社的业务拓展的界定相对模糊;二是现代农业生产要素难以通过弱弱联合产生,同时农业技术创新缺乏必要的资金,借助贫困农民自发形成合作社,难以实现农业的发展;三是资金和专业实力不足,不能构建完整的销售网络,难以单独拓展市场;四是规模小制约了合作社对产业价值链关键环节的有效嵌入和控制,更难以构建完整的农业产业价值链,实现农产品附加值有效提升，其后果是参与农户的收入难以提高，农户的参与积极性受挫。

实践证明，扶贫开发工作的市场机制与社会机制发育滞后，是导致目前扶贫开发投资效益低下、扶贫开发工作效果有限的重要原因之一。要从根本上巩固已有的反贫成果，必须提高贫困农户抵御自然和市场双重风险的能力，加强贫困人口和低收入人口的自我发展能力。坚持反贫困市场机制，就是在强调政府与社会"扶"和"帮"职责的同时，引导贫困地区、贫困人群，了解大市场，走向大市场，给农民创造机遇，赋予贫困农户市场主体、减贫主体的地位。

如何在巩固农村家庭联产承包责任制的基础上，加快结构调整，通过农村经营体制创新把贫困农民组织起来，提高他们的组织化程度，应对贫困挑战的能力，进而解决"三农"问题，以农民专业合作社为新的农村扶贫工作平台整合扶贫资源，通过企业领办形式发展农村合作社，使农业龙头企业与资产清晰的合作社形成战略共同体，以完善的机制和制度设计来规范和监督企业在与合作社联合经营活动中的行为与政府扶贫资源使用，帮助合作社尽快壮大起来，以合作社建设来带动农村贫困问题全面解决。

第五，荮村"党支部＋龙头企业＋贫困户"产业扶贫模式使基层党组织作为各类资源传递的综合工作平台。扶贫资金及各类资源在基层的配置除了制度层面的规范外，还受乡村社会关系、社会结构等因素的影响。基层党组织作为各类资源传递的综合工作平台是抑制地方政府对村庄精英依赖性的有益探索。

第二节 产业的选择

近年来,宾川县立足热区资源优势,积极调整农村种植业结构,大力发展以葡萄为主的优质水果产业,有效促进葡萄产业健康发展。莅村选择葡萄作为产业扶持的依托,是存在可持续发展的基础的。

一 种植规模和组织化程度

近年来,宾川县大力发展以红提为主的鲜食葡萄产业。全县葡萄产业发展迅猛,建成了全国最大的县级优质早熟鲜食葡萄生产基地,被誉为"高原葡萄城,南国吐鲁番",葡萄产业已成为宾川"种植规模最大,利益联结最紧,农民增收最快"的支柱产业。凭借得天独厚的热区资源优势,宾川葡萄成熟上市早,上市时间为5~12月,较全国葡萄主产区早30~40天,是全国最大的县级早熟鲜食葡萄生产基地。宾川葡萄具有穗形好、果粒大而均匀、颜色鲜艳、果粉厚、糖度高、肉质细嫩甜脆、香甜可口等优点。2008年,宾川县被评为"中国葡萄之乡"。2013年,"宾川红提葡萄"成功注册"中国地理标志证明商标"。2017年,全县葡萄总面积达17万亩、挂果16.68万亩、总产35万吨、产值达29亿元、平均亩产值1.75万元。

二 产值及种植户效益

葡萄产业的发展带动了宾川全县冷链物流、包装运输、宾馆酒店餐饮服务及农村电商等相关行业的发展，使全县6万多农户20余万人口实现增收致富，1万余贫困人口受益。

三 品牌与产业链建设

葡萄产业已经成为宾川县高原特色农业产业中特色优势最强、生产规模最大、产业链条连接最紧、比较效益最高、农民增收效果最好的产业。宾川老百姓都亲切地将葡萄称为"金果果"。宾川葡萄主要有早熟品种维多利亚、夏黑、无核白鸡心、优无核、火焰无核，中晚熟品种红提、克瑞森、阳光玫瑰。目前，"兴侨""缘成"牌葡萄等获得无公害农产品认证，"宾川红提葡萄"成功注册"中国地理标志证明商标"。

宾川县在产业发展中，强化安全质量监督，巩固提升"国家级出口食品农产品质量安全示范区"建设成效，完善农产品生产档案、质量认证和市场准入三项制度。全力推进"源头可控制、过程有监管、生产有记录、流向可跟踪、质量可溯源、信息可查询"质量安全可追溯系统的运用。目前，全县有36家企业取得出口基地备案资格，备案面积达27万亩；5户企业11个产品通过有机食品认证，认定面积达2.5万亩；无公害农产品产地认定达52万亩，

34个农产品获得无公害农产品认证。

加强与科研单位的合作。葡萄产业方面，加强与国家葡萄产业技术体系、上海交大合作，成立专家工作站，建立科技示范基地，推广地方技术规程。健全完善水果无公害生产技术规程和出口水果标准化生产技术规范，大力推广葡萄单幅连棚降密提质促早熟、避雨栽培、测土配方施肥、自压滴灌节水节肥等技术；《宾川鲜食葡萄生产技术综合规程》《水肥一体化自压滴灌技术规程》被批准为云南省地方农业规范；全县良种覆盖率、骨干科技措施推广率均达100%，农业科技入户率达95%以上，农业科技贡献率达50%以上。提升耕地土壤质量，持续推广绿肥种植、秸秆生物腐熟还田、生物菌剂改良土壤等技术，促进土壤良性循环，农作物秸秆利用率从原来的30%提升到60%以上。抓实产品流通，加强与沃尔玛、华润万家等大型连锁超市合作，大力实施"农超对接"；充分利用阿里巴巴农村淘宝落户宾川和宾川被商务部列为首批"电子商务进农村综合示范县"的机遇，打通物流"最后一公里"。全县建成乡镇服务站10个，村级服务站90个，2017年农产品上行[1]收入从2014年的100余万元增加至6000余万元，培育本地经济人4000余人。通过以上措施将宾川葡萄、柑橘等农产品销往北京、广州、上海、香港、澳门等国内30多个大中城市，以及越南、缅甸、泰国等国家，提高了宾川水果在国内外市场的占有份额。

---

[1] "上行"指农村电商把本地农产品卖到外地。

第三节 政府的角色

精准扶贫精准脱贫工作开展以来,在上级党委的坚强领导下,在"挂包帮"单位宾川县纪委的积极支持下,萂村党总支深入分析致贫原因,理清思路,以创建农民专业合作社为载体,引进龙头企业为"桥梁",凝聚贫困群众为"纽带",积极探索跨地域集中贫困户建设葡萄产业扶贫示范基地;以贫困户为中心,建立了"党支部+龙头企业+贫困户"的党建与扶贫双推进新模式,实现了党组织、龙头企业、专业合作社、贫困户的多方共赢。

一 发挥主导型作用

世界各国贫困地区减贫工作以及我国扶贫开发取得的成绩都已证明,贫困地区的脱贫攻坚任务离不开政府的大力支持。农村地区的脱贫需要政府根据当地的具体情况,制定并实施各种扶贫政策,并为其经济发展创造良好的条件,发动社会各界团体和个人积极参与,鼓励各种合作,提高扶贫开发效率,在此过程中,需要政府行使从上至下的行政权力。政府应当成为扶贫的主导者、推动者。

由于自身条件禀赋不够、地理位置偏僻、自然条件恶劣,村民不容易具备脱贫的能力。在当前的现实情况下,他们难以承担短期内脱贫致富的重任,必须依靠自己的努力的同时,借助外部力量,才能最终真正摆脱贫困。

国际组织、民间社会力量是扶贫工作的重要组成部分,它分布范围广、涉及人口多,是扶贫救助的重要力量。但其具有局限性,没有政府行政力量的保障,有很大的不稳定性,力量比较单薄,且对贫困地区的了解远不及政府。即使像参与式扶贫完全依靠当地村民来制定发展计划,也不代表能够实现最优效果,尤其在我国偏远的农村地区,缺乏村民自己制定发展计划的经验和土壤。而政府可以有计划、系统地进行扶贫工作,确保贫困地区有计划、有步骤地实现整体脱贫。所以,在扶贫工作中政府理应成为主要力量,村民是内在核心,其他社会组织应发挥各自的优势,对实现未来贫困地区全面脱贫做出应有的贡献。

在荊村脱贫攻坚过程中,政府主导有效破解了以下四个难题。

一是连片流转土地,破解扶贫产业项目用地难题。在公平公正依法的基础上,略高于土地流转市场价格,科学合理确定土地流转价格和期限,让流转土地的农民享受到利益,主动自愿流转土地,有效解决了项目实施无集中连片用地的难题。该项目共流转土地240亩,租期为20年,租金5年一付。水田1500元/(亩·年),每5年递增300元/(亩·年);旱地1200元/(亩·年),每5年递增240元/(亩·年)。

二是银企农联合,破解扶贫产业项目融资难题。采取以宾川县天子农业专业合作社为贷款主体，以葡萄水果权证为抵押，由宾川县华侨庄园农业科技开发有限公司担保的形式，向富滇银行宾川县支行以"金果贷"的形式贷款500万元；采取以宾川县天子农业专业合作社为贷款主体，县人民政府担保的形式，向宾川县信用合作社贷款500万元；采取以建档立卡贫困户为贷款主体，挂钩帮扶责任人担保的形式，向宾川县信用合作社申请产业扶贫贷款510万元。

三是校企社联合，破解扶贫产业项目技术支撑难题。宾川县天子农业专业合作社积极与宾川县华侨庄园农业科技开发有限公司、上海交通大学合作，与国家葡萄产业技术体系建立对口帮扶机制，由企业和院校派葡萄技术专家对葡萄基地生产全过程进行技术指导。用一流的管理技术保证种出一流品质的葡萄，有效解决扶贫产业项目建设的技术难题。

四是创新营销模式，破解产品销售难题。采用"互联网+"模式对葡萄生产全过程、葡萄品质品牌进行多角度全方位立体式宣传，不断提高葡萄产品的知名度和市场竞争力，让葡萄产品销得出、走得远、卖得好、价格高，切实解决葡萄产品的销售问题。目前，基地的葡萄产品以40元/公斤的价格被上海商家订购。

二 建立合理的权利赋予规范

茆村产业扶贫模式是多方合力的结果，扶贫开发中建立了合理的权利赋予机制,规范各方的边界,保障各方的权益,构建共赢格局。

一是企业权责。在权利方面,农民专业合作社的葡萄及其他产品,以不低于市场价优先销售给企业,保证企业的产品供给,并由企业调控葡萄上市时间,从而实现错峰销售,最大限度增强竞争优势、提高销售价格。在责任方面,要求企业为农民专业合作社提供项目规划、生产管理、技术服务、市场营销和技能培训,以略高于市场的价格回购种植基地产品,最大限度保护专业合作社和群众的利益。

二是贫困户权益。在莳村扶贫产业中,贫困农户有三方面的收入可保证稳定,稳定土地流转中获得的土地租金收入;稳定在种植基地务工获得的劳务报酬收入;稳定以产业扶持贷款入股获得的股东分红,把剩余资金的60%用于贫困户分红。

三是合作社权益。莳村合作社作为一个独立核算的经营主体,其合法权益受到保护,每年从产生的纯利润中,提取100万元作为合作社还贷资金,剩余的20%作为合作社管理运营费用、8%作为基地运营机动资金。

四是村党总支权益。村党总支自身不提取任何费用,但允许村委会提取剩余资金的10%作为村集体经济收入。集体经济收入取之于集体经济产业、用之于全体村民,除保证村"两委"正常运转外,其余资金全部用于改善村内修路搭桥、美化亮化、清洁卫生等村社公益事业。

第四节 龙头企业的选择

宾川县华侨庄园农业科技开发有限公司(简称"华侨庄园")是宾川县13家农业龙头企业之一,村党总支通过实地考察之后认为该公司试验推广的水肥一体化标准大棚根域限制葡萄栽培技术,非常适宜在萂村推广种植,决定引进华侨庄园进行合作,在上级挂钩部门县纪委和镇党委政府的牵头帮助下,通过与公司洽谈,由公司提供项目规划、生产管理、技术服务、市场营销和技能培训,在萂村新建200亩根域限制栽培"阳光玫瑰"葡萄示范基地,公司提出项目实施需解决资金、土地和贫困户管理等方面的问题。

一 公司简介

华侨庄园位于金牛镇太和华侨社区,成立于2014年4月17日,是集科研、种植、加工、销售于一体的农业科技开发公司。公司占地面积4612亩,主要种植葡萄和柑橘,依托侨乡特色文化和葡萄产业基础,深度融合一、二、三产业,打造田园综合体。公司通过"党支部+龙头企业+贫困户"的产业托管扶贫模式在萂村建设了国家葡萄产业技术体系滇西扶贫示范基地250亩,到目前为止,公司通过产业扶贫、产经互促模式累计带动1000余户贫困户发展产业。华侨庄园已快速发展成为大理州州级现代农业庄园、云南省农业产业化省级重点龙头企业、云南省农业科技示范园、国家葡萄产业体系滇西扶贫示范基地，被农业部认定为节本增效农业物联网应用示范项目、国家旅游局认定为全国"公司＋贫困户"旅游扶贫示范项目，荣获2016年中国精准扶贫贡献奖等。

二 合作框架

由企业提供标准葡萄园的规划建设、技术支持、销售服务并为合作社融资提供担保，参与引导莪村141户建档立卡贫困户发挥主体作用、积极生产增收脱贫，从根本上解决贫困农户缺乏技术、缺乏资金、缺少出路的难题。通过"党支部＋企业＋基地＋农户"四方位的合作框架，实现由一家一户的分散经营向"统一标准、统一种植、统一采收、统一销售"的标准化、规模化、集约化生产转变。

具体合作框架如下。一是龙头企业提供技术支持，提取一定技术服务费用，形成稳定的原材料供给，利用自己的销售渠道优势，在当地以稍高于市场的价格收购后销往其他地区以获得企业利润。二是贫困户得到土地租金、股东分红，优先在合作社劳动并获取劳务收益，脱贫致富。三是村级组织为合作社正常运营承担大量协调工作，并成为合作社与龙头企业、合作社与群众、合作社与县乡党委、政府、"挂包帮"单位、银行等各方的桥梁和纽带，获得服务和管理费用，壮大了村级集体经济。村级组织坚持取之于民、用之于民，将服务和管理费用大部分用于公益事业，进一步赢得了群众信任，强化了威信，使组织、村民抱团发展进入良性循环，日益巩固。

第五节 农户的参与

农民参与扶贫产业项目的过程，也是合作的过程。研究中国农村问题的学者曹锦清认为，中国农民的最大特点是"善分不善合"。村民之间异质性增加，村民之间的合作更加困难。但是，合作能力差并不代表不需要合作，处于一盘散沙状态的村民，靠单打独斗是无法有效和持续摆脱贫困的。

从扶贫受益对象来看，农户理应主动参与到扶贫产业项目中来，但实践中往往事与愿违，农户参与意愿不足、参与水平不高、参与能力有限或者无序参与等"被动式"参与现象普遍存在，使扶贫工作处境尴尬，影响扶贫工作的开展和扶贫目标的实现。

一 农户参与的方式

一是土地流转，农户流转土地租金5年一付，每5年递增一次，建档立卡贫困户每年可获得1500元至4500元的土地租金收入。二是扶贫贷款，贫困户以5万元的产业扶贫贷款入股、参与分红，每年可获得一定收益；三是劳动力转移，有劳动力的建档立卡贫困户到基地务工，每人每天可获得100元的务工收入。

二 农户参与的内容

基地通过建立"强弱结合、合作互补、共建共享、多方共赢"的利益联结分配机制，贫困户可获得土地流转收益、产业前端收益、保护价格收益、利润返还收益、务工就业收益和股份合作收益等利益增收脱贫。一是农户加入合作社成为主人。141户建档立卡贫困户加入合作社，成为合作社的主人，参与基地建设、葡萄种植管理，获得劳务收入，学习先进种植技术，农户从思想上逐渐认同主体地位，激发其脱贫致富的内生动力。二是农户以申请的扶贫贷款入股，成为股东。以"贷款入股、保底分红"的方式，由村党总支牵头，鼓励有信贷意愿的农户与企业、银行签订三方协议，农户利用贷款资金入股，合作社，贫困户当股东，年底享受保底分红。荊村141户农户均申请了5万元的产业扶贫贷款，并入股合作社参与分红。产业扶贫贷款的注入，既为合作社发展增添了资金支持，也带动了农户生产致富，确保贫困户有一份稳定收益。三是农户参与葡萄生产种植成为管理员。合作社种植基地务工人员招聘，优先面向141户农户股东，其次才面向流转土地的其他农户。将荊村141户农户分成12组，在村民小组长和党员骨干的带领下，分片分区域负责葡萄基地日常生产管理工作。贫困户通过参与日常的生产管理，对葡萄种植技术的掌握不断加强，成为葡萄种植技术员并把学到的葡萄种植管理方法、经验复制到广大群众中,带动全村葡萄产业转型升级和提质增效。

第六节 合作社的建立

明确发展方向和合作伙伴之后,村党总支迅速牵头成立宾川县天子农业专业合作社,从基础材料收集、贫困户入户宣传、召开成立大会到营业执照办理、刻公章、开设银行账户等工作到处都有党员的身影,始终做到哪里有需要,哪里就有党员党徽在闪耀。在土地流转工作中,流转土地面积大,需连片①,涉及农户多,导致群众工作难度较大,村党总支通过召开现场推进会,以村党总支党员干部及各支部书记为骨干,在镇党委政府、县纪委工作人员以及驻村扶贫工作队队员的配合下,组成群众工作组,层层分解任务,落实责任,加班加点,入户走访,通过一个多月的辛勤努力,超计划完成土地流转、租金兑付到户工作,为后续工作的开展提供强大保障。

一 组织的过程

合作社成立初期,只有村组干部加入,其他党员群众

---

① 要求流转土地连片以便于产业基地建设。

均不同程度地抱有观望怀疑态度,村党总支将村"两委"成员、村民小组干部、党员骨干分为若干小组,划片包干开展深入细致的宣传动员工作。经过宣传动员,全村141户贫困户全部自愿加入合作社成为社员,并以扶贫贷款入股,年底享受分红。合作社设有理事会和监事会,由村党总支委员、村委会主任兼任理事长,并在合作社建立了党支部,把24名党员社员划归合作社党支部管理。合作社主要负责基地的日常生产管理,组织贫困户参与劳作获得劳动报酬并接受技术培训,为无劳动能力的建档立卡贫困户提供最低生活保障,并按照管理办法进行利润分配。

二 合作社章程

为规范宾川县天子农业专业合作社管理,遵照相关规定制定了《宾川县天子农业专业合作社章程》,包含总则、成员、组织机构、财务管理、合并、分立、解散和清算及附则,共57条规定。合作社成员出资总额达7300元,每户出资50元,共146户。合作社以服务成员、谋求全体成员的共同利益为宗旨。成员入社自愿,退社自由,地位平等,民主管理,实行自主经营、自负盈亏、利益共享、风险共担,盈余主要按照成员与本社的交易量(额)比例返还。合作社章程对成员的权利和义务进行了明确,章程中明确了成员大会是本社的最高权力机构,由全体成员组成。成员大会须有本社成员总数的2/3以上出席方可召开。成员因故不能参加成员大会,可以书面委托其他成员代理。1

名成员最多只能代理1名成员表决。成员大会选举或者做出决议，须经本社成员过半数表决通过；对修改本社章程，改变成员出资标准，增加或者减少成员出资，合并、分立、解散、清算和对外联合等重大事项做出决议的，须经成员总数2/3以上表决通过。成员代表大会的代表以及受成员书面委托的意见及表决权数，在成员代表大会上行使表决权。

第七节 可持续的管理机制

产业扶贫是通过在贫困地区建立农产品基地、发展支柱产业，特别是通过龙头企业、基地与农户签订农产品订单等多种方式，带动贫困地区农民调整产业结构、增加收入的一种农业产业化形式。其主要以产业开发和产业建设为具体形式，通过企业集聚、城镇化建设实现贫困人口脱贫致富和地方经济的可持续发展，进而推动农业现代化进程。秖村党总支村委会和合作社按照产业化的要求和原则，制定了一系列的管理机制。

一 科学规范的管理制度

一是规范合作社管理制度。制定了《宾川县天子农业专业合作社管理办法》，对合作社的机构组成、社员管理、理事会和监事会的职责权限、财务管理制度、利润分配机制、激励机制、劳务报酬等方面的内容进行了明确规定，用制度管人、管钱、管事，做到机构运行、项目管理有章可循、有法可依。

二是规范绩效考核管理制度。对参与200亩葡萄绩效考核管理的134户有劳动能力的建档立卡贫困户进行分组绩效考核管理，由村党总支及合作社在优秀党员中选出的组织协调能力强、责任心强的同志担任组长，10户左右贫困户组成1个小组。组长负责宣传精准扶贫政策，组织本组成员到基地务工、参加培训。年底村党总支和合作社对贫困户参与管理的葡萄生产情况进行年度绩效考核，对管理得好、葡萄品质好、收益高的贫困户给予现金奖励，充分调动贫困户参与管理的积极性。

三是规范财务管理制度。宾川县天子农业专业合作社、宾川县华侨庄园农业科技开发有限公司、大营镇党委政府严格按照三方协议履行权利和义务，在项目建设、生产支出、日常管理等过程中涉及资金使用时，严格按照财务管理制度进行审核审批，并按程序进行公示、公开，确保社员利益，确保资金安全。

二　创新实践五个机制

一是发展壮大村集体经济机制。将40亩葡萄收入作为萂村集体经济收入进行单独分配管理，切实消除"空壳村"，让村集体有钱办事、能办实事。40亩葡萄预计每年可获得纯收入100万元，其中：提取20%作为贫困户互助社发展本金注入互助社进行滚动发展，带动贫困群众增收致富；20%作为村内公益事业发展资金使用，改善村内公共基础设施，优化人居环境；10%作为宾川县天子农业专业合作社管理费用；50%用于提高村组干部及合作社成员的劳动报酬。

二是科学分配红利机制。基地每年从纯利润中拿出100万元作为基地还贷资金，把剩余资金的60%用于贫困户分红、20%作为合作社管理运营费用、10%作为村集体经济收入、8%作为基地运营机动资金、2%作为企业技术服务费用。

三是特殊贫困户保障兜底机制。每年从葡萄示范基地200亩葡萄销售收入的纯利润中提取20%，作为特殊贫困户生活保障资金，专项用于帮扶特殊贫困户和丧失劳动力的贫困户，确保全部建档立卡贫困户都能实现"两不愁、三保障"。

四是贫困户动态管理机制。充分发挥村党总支（支部）在脱贫攻坚工作中的引领作用和村务监督委员会的监督作用，组织群众每年对建档立卡贫困户进行一次考核评议，对收入已达到脱贫标准、能够持续发展的贫困户按照相关程序退出，并在全村范围内排查，及时将符合贫困标准的贫困户纳入建档立卡贫困户；对特别贫困或丧失劳动能力的贫困户给予长期最低生活保障；对因病、因灾、因学等致贫的新的贫困户按照程序纳入葡萄基地进行管理，确保小康路上不落下1个贫困群众。

五是带动非贫困户增收机制。对提供土地的非贫困户按期支付租金，并在土地流转时按照国家有关政策规定给予一次性青苗和其他设施补偿，优先安排流转土地的群众到 40 亩集体管理的葡萄基地务工，获得务工收入的同时，学习先进的葡萄种植技术。以此方式把先进的葡萄种植管理方法、经验复制到广大群众中，带动全村葡萄产业的高效生产、转型升级和提质增效。

参考文献

云南省社会科学院社会学研究所:《宾川县精准扶贫第三方评估报告》,2017年6月。

董泽清:《南诏·大义宁国国王故里——萂村》,云南民族出版社,2017。

大营镇政府办公室:大营镇统计资料(2013~2018年)。

孔莉、于安琪、马志美:《多元主体参与下的民族地区"精准扶贫"机制探究——基于大理白族自治州宾川县萂村的调查》,《西南边疆民族研究》2018年第2期。

李美娇:《宾川萂村:集中贫困户发展产业促脱贫》,《云岭先锋》2016年第9期。

颜敏:《萂村水源与当地生计》,《智库时代》2018年第34期。

袁蕊:《正月十五,在萂村过"天子节"》,《大理文化》2015年第4期。

杜家元:《不一样的萂村》,《大理文化》2012年第2期。

叶鑫、熊濯之、龚曲艺:《云南宾川县"萂村"文化保护与发展方向的思考》,《居舍》2018年第20期。

杨旭东:《萂村股份合作共享发展》,《云岭先锋》2017年第7期。

王如雪、丁玉清:《云南省宾川县葡萄产业发展现状和建议》,《中国果业信息》2017年第6期。

杨燕芸:《宾川县特色农业发展问题研究》,《中共云南省委党校学报》2010年第3期。

后　记

2016年云南省社会科学院社会学研究所在大理宾川开展精准扶贫成效考核调研中发现，大理州宾川县莤村的精准扶贫模式虽然和中国其他农村的扶贫模式差别不大，但其扶贫模式出发点和目的在于通过精准扶贫加强基层党组织的建设，存在突出的特殊性，具备深入调查研究的价值。同年，为进一步研究，申请参加中国社会科学院"精准扶贫精准脱贫百村调研"国情调研特大项目，在中国社会科学院社会学研究所的支持帮助下，调研组在莤村进行了三次调查，分析调查问卷，形成调查报告。

参加莤村调查工作的有宾川县的杨金荣、毛跃龙、尹中锋、吴利春、周林；云南省社会科学院社会学研究所的樊坚、向跃平、田娟、庄弘泰、施锐、黎志远。

在调查过程中，宾川县委书记岳黎松给予我们热情的支持，岳书记对基层党组织建设的思考非常深刻，给调研组带来很大启发。宾川县委县政府、宾川县纪委、县委政策研究室、大营镇党委政府、莤村村两委在调研中给予我们大力支持，并为调研提供大量的材料。在此一并表示衷心感谢。

樊　坚

2019年12月

图书在版编目(CIP)数据

精准扶贫精准脱贫百村调研. 莉村卷:基层党建与精准扶贫双推进/陈光金等著. -- 北京:社会科学文献出版社,2020.6
 ISBN 978-7-5201-5694-3

Ⅰ.①精… Ⅱ.①陈… Ⅲ.①农村-扶贫-调查报告-宾川县 Ⅳ.①F323.8

中国版本图书馆CIP数据核字(2019)第216369号

·精准扶贫精准脱贫百村调研丛书·
精准扶贫精准脱贫百村调研·莉村卷
——基层党建与精准扶贫双推进

著　　者 / 陈光金　樊　坚　等

出 版 人 / 谢寿光
组稿编辑 / 邓泳红　陈　颖
责任编辑 / 宋　静　吴云苓

出　　版 / 社会科学文献出版社·皮书出版分社(010)59367127
　　　　　 地址:北京市北三环中路甲29号院华龙大厦　邮编:100029
　　　　　 网址:www.ssap.com.cn

发　　行 / 市场营销中心(010)59367081　59367083
印　　装 / 三河市尚艺印装有限公司

规　　格 / 开　本:787mm×1092mm 1/16
　　　　　 印　张:10.25　字　数:104千字
版　　次 / 2020年6月第1版　2020年6月第1次印刷
书　　号 / ISBN 978-7-5201-5694-3
定　　价 / 59.00元

本书如有印装质量问题,请与读者服务中心(010-59367028)联系

▲ 版权所有 翻印必究